조선 후기 문신
권상일의
관직 생활

조선 후기 문신
권상일의
관직 생활

초판 1쇄 인쇄 2023년 11월 13일
초판 1쇄 발행 2023년 11월 20일

—

기 획 한국국학진흥원
지은이 이근호
펴낸이 이방원

책임편집 이희도   **책임디자인** 박혜옥
마케팅 최성수 · 김 준   **경영지원** 이병은

—

펴낸곳 세창출판사
　　　신고번호 제1990-000013호 **주소** 03736 서울특별시 서대문구 경기대로 58 경기빌딩 602호
　　　전화 02-723-8660 **팩스** 02-720-4579 **이메일** edit@sechangpub.co.kr **홈페이지** http://www.sechangpub.co.kr
　　　블로그 blog.naver.com/scpc1992 **페이스북** fb.me/Sechangofficial **인스타그램** @sechang_official

ISBN 979-11-6684-264-1 94910
　　　979-11-6684-259-7 (세트)

한국국학진흥원 전통생활사총서 5

조선 후기 문신 권상일의 관직 생활

이근호 지음
한국국학진흥원 기획

세창출판사

한국국학진흥원에서는 2022년부터 문화체육관광부의 지원으로 전통생활사총서 사업을 기획하였다. 매년 생활사 전문 연구진 20명을 섭외하여 총서를 간행하기로 했다. 올해 나온 20권의 본 총서가 그 성과이다. 우리 전통시대의 생활문화를 대중에 널리 알리고 공유하기 위한 여정이 시작된 것이다.

한국국학진흥원은 국내에서 가장 많은 민간기록물을 소장하고 있는 기관으로, 그 수는 총 62만 점에 이른다. 대표적인 민간기록물로 일기와 고문서가 있다. 일기는 당시 사람들의 일상을 세밀하게 이해할 수 있는 생활사의 핵심 자료이다. 고문서는 당시 사람들의 경제 활동이나 공동체 운영 등 사회경제상을 이해할 수 있는 자료이다.

한국의 역사는 『조선왕조실록』이나 『승정원일기』와 같이 세계적으로 자랑할 만한 국가기록물의 존재로 인해 중앙을 중심으로 이해되어 왔다. 반면 민간의 일상생활에 대한 이해나 연구는 관심을 덜 받았다. 다행히 한국국학진흥원은 일찍부터 민간에 소장되어 소실 위기에 처한 자료들을 수집하고 보존처리를 통해 관리해 왔다. 또한 이들 자료를 번역하고 연구하여 대중에 공개했다. 그리고 이러한 민간기록물을 활용하고 일반에 기여할 수 있는 방법으로 '전통시대 생활상'을 대중서로 집필하는 방식을 통해 생생하게 재현하여 전달하고자 했다. 일반인이 쉽게 읽을 수 있는 교양학술총서를 간행한 이유이다.

총서 간행을 위해 일찍부터 생활사의 세부 주제를 발굴하는 전문가 자문회의를 개최하고, 전통시대 한국의 생활문화를 가장 잘 구현할 수 있는 핵심 키워드를 선정하였다. 전통생활사 분류는 인간의 생활을 규정하는 기본 분류인 정치·경제·사회·문화로 지정하였다. 이를 기반으로 매년 각 분야에서 핵심적인 키워드를 선정하여 집필 주제를 정했다. 금번 총서의 키워드는 정치는 '관직생활', 경제는 '농업과 가계경영', 사회는 '가족과 공동체 생활', 문화는 '유람과 여행'이다.

분야마다 5명의 집필진을 해당 어젠다의 전공자로 구성하였다. 서술은 최대한 이야기체 형식으로 다양한 사례를 풍부하게 녹여 달라고 요청하였다. 특히 어디서나 간단히 들고 다니며 읽을 수 있도록 쉽게 서술해 줄 것을 부탁하였다. 그러면서도 본 총서는 전문연구자가 집필했기에 전문성 역시 담보할 수 있다.

물론 전문적인 서술로 대중을 만족시키기는 매우 어렵다. 그래서 원고 의뢰 이후 5월과 8월에는 각 분야의 전공자를 토론자로 초청하여 2차례의 포럼을 진행하였다. 11월에는 완성된 초고를 바탕으로 1박 2일에 걸친 대규모 학술대회를 개최하였다. 포럼과 학술대회를 바탕으로 원고의 방향과 내용을 점검하는 시간을 가졌다. 원고 수합 이후에는 책마다 전문가 3인의 심사의견을 받았다. 2023년에는 출판사를 선정하여 수차례의 교정과 교열을 진행했다. 책이 나오기까지 꼬박 2년의 기간이었다. 짧다면 짧은 기간이다. 그러나 2년의 응축된 시간 동안 꾸준히 검토 과정을 거쳤고, 토론과 교정을 진행하며 원고의 완성도를 높이기 위해 분주히 노력했다.

전통생활사총서는 국내에서 간행하는 생활사총서로는 가장 방대한 규모이다. 국내에서 전통생활사를 연구하는 학자 대부분을 포함하였다. 2022년도 한 해의 관계자만 연인원 132명에 달하는 명실공히 국내 최대 규모의 생활사 프로젝트이다.

1990년대 이후 폭발적으로 증가했던 일상생활사와 미시사 연구는 근래에는 학계의 관심이 소홀해진 상황이다. 본 총서의 발간이 생활사 연구에 다시 활력을 불어넣는 계기가 되기를 기대한다. 연구의 활성화는 연구자의 양적 증가로 이어지고, 연구의 질적 향상 또한 이끌 것이다. 그렇게 된다면 전통문화에 대한 대중들의 관심 역시 증가할 것으로 기대된다.

본 총서는 한국국학진흥원의 연구 역량을 집적하고 이를 대중에게 소개하기 위해 기획된 대표적인 사업의 하나이다. 참여한 연구자의 대다수가 전통시대 전공자이며, 앞으로 수년간 지속적인 간행을 준비하고 있다. 올해에도 20명의 새로운 집필자가 각 어젠다를 중심으로 집필에 들어갔고, 내년에 또 20권의 책이 간행될 예정이다. 앞으로 계획된 총서만 80권에 달하며, 여건이 허락되는 한 지속할 예정이다.

대규모 생활사총서 사업을 지원해 준 문화체육관광부에 감사하며, 본 기획이 가능하게 된 것은 한국국학진흥원에 자료를 기탁해 준 분들 덕분이다. 이 자리를 빌려 그분들께 다시 한번 감사드린다. 아울러 총서 간행에 참여한 집필자, 토론자, 자문위원 등 연구자분들께도 감사 인사를 전한다. 책의 편집을 책임진 세창출판사에도 감사드린다. 이 모든 과정은 한국국학진흥원 여러 구성원의 노력이 있었기에 가능했다.

2023년 11월
한국국학진흥원 연구사업팀

차례

하느님이 백성 내니, 그 백성은 넷이로세. 네 백성 가운
데는 선비 가장 귀한지라, 양반으로 불려지면 이익이
막대하다. 농사, 장사 아니하고, 문사(文史) 대강 섭렵하
면, 크게 되면 문과(文科) 급제, 작게 되면 진사(進士)로
세. 문과 급제 홍패(紅牌)라면 두 자 길이 못 넘는데, 온
갖 물건 구비되니, 이게 바로 돈 전대(纏帶)요.

— 박지원, 『연암집』 「양반전」

위의 기록은 박지원이 지은 「양반전」의 내용 일부로, 양반
은 대충 문사文史만 익혀 문과 급제하면 온갖 특혜를 받으며 마
치 전대와 같이 이익을 추구하는 존재로 묘사되었다. 박지원은
「양반전」에서 허위의식에 젖어 있는 양반을 고발하고 있는데,
현재의 우리도 이 작품의 수준에서 조선 후기 양반을 비판하고
있는 것은 아닐까?

사대부士大夫라는 표현은 학자적 관료를 의미한다. 사대부는
평상시에 '사士'로서 공부하고 연구하며, '대부大夫'가 되어 그동

안 갈고닦은 실력을 구현하려는 존재이다. 이들 사대부의 이상적인 삶을 대변하는 표현이 수신제가치국평천하修身齊家治國平天下이다. 수신修身의 전 단계로서는 마음을 바르게 하고 그 뜻을 성실하게 하며(誠意正心) 만물의 이치를 연구하여 지식을 지극하게 이루어야 한다는(格物致知) 단계가 있다. 끊임없는 수신 과정을 통해 도덕적 인간으로 완성될 때 치인治人의 단계로 나아갈 수 있다고 판단하였다. 그리고 치인의 단계로 나아가기 위해 과거인 문과에 도전하였고, 이 관문을 통과하면서 문신으로 나아간다. 물론 관리가 될 수 있는 길은 문과 이외에도 무과나 음서蔭敍, 그리고 천거 등의 방법이 있었으나, 문과는 다른 경로에 비해 가장 영예로운 방법이었다. 관직에 진출한 뒤에는 관료로서 소명의식召命意識을 가지고 국정에 참여하였다. 일례로 사관史官에 추천되었을 때 분향焚香을 하면서, 기록 임무를 맡은 관원으로서 하늘에 맹세하는 것은 겉치레로 치부할 수만은 없다. 아울러 관직에 나아간다는 것은 신분을 유지하는 중요한 기제이기도 하였다. 몇 대가 관직에 진출하지 못하면 신분에 변동이 있기도 하였다. 이를 들어 일부에서는 조선의 관료제를 '신분적 관료제'로 명명하기도 하지만 개념 문제를 차지하더라도 그만큼 관직을 유지하는 것이 신분에 중요한 요소였음을 알 수 있다.

이 책에서는 조선 후기 문신 권상일의 생애를 따라가면서 그의 관료적 삶을 살펴보고자 하며, 그의 일기인 『청대일기』를 주로 활용하였다. 권상일은 사대부로서의 삶을 살았으며, 이를 『청대일기』에 고스란히 남겨 놓았다. 『청대일기』는 권상일이 24세부터 81세까지 58년에 걸쳐 기록한 방대한 분량의 일기다. 일기라는 것이 주관적인 기록이라는 점에서 이용에 한계가 있다. 그럼에도 『청대일기』에는 그가 과거에 도전하는 과정부터 시작해서 중앙이나 지방 관직 등을 거쳐 기로소에 들어가는 과정까지 조선시대 관료의 삶을 잘 그려 주고 있다고 판단하여 활용하였다. 이를 통해 조선조 관료제의 운영 양상이나 소명의식을 가진 문신으로서의 삶을 이해하는 데 적은 부분이라도 도움이 되길 바란다. 또, 조선조의 관료제의 실상에 대해서는 아직 검토해야 할 부분이 많지만, 앞서 선학들의 노력으로 해명된 부분도 적지 않다. 서술에 선학들의 연구를 적극적으로 활용하였다. 다만 책의 성격상 일일이 전거를 제시하지 못한 점은 양해를 바란다.

2023년 9월
이근호 삼가 쓰다

1

수학修學 과정과
과거 급제

권상일權相一은 1679년, 경상도 상주 근암리近嵒里(현재 문경시 산북면 서중리)에서 출생하였다. 권상일의 6대조 권대기權大器는 안동부 이계촌에서 세거하였다. 권대기는 퇴계 이황李滉의 문하에서 수학하며, 조목趙穆·구봉령具鳳齡·김팔원金八元·금난수琴蘭秀 등과 계契를 결성하고 산사山寺 등에 모여 강학 활동을 하였다. 권대기의 장자 권우權宇는 퇴계의 제자인 조목의 문하에서 수학하였다. 권상일의 고조부 권익린權益鄰은 어려서는 재종형 권익창權益昌에게 수학한 뒤에 장현광張顯光의 문인이 되었다. 권익린은 또한 안동을 벗어나 예천醴泉 지금곡知琴谷 일대에서 우거하였는데, 이곳은 처가인 순흥 안씨 안경빈安敬賓의 농장이 있는 곳이기도 했다. 권상일의 증조부인 권구權坵가 1636년(인조 14)

상주 근암리로 이거한 이래(묘는 예천 추동), 권상일 일가는 상주에 세거하게 되었다.

　권상일은 어려서 가학家學으로 학문에 입문하였으며, 당시까지 상주 지역의 학풍을 주도하던 류성룡柳成龍→정경세鄭經世·이준李埈 등으로 이어지는 서애학단의 학문적 풍토 속에서 성장하였다. 권상일은 7살 때인 1685년(숙종 11)부터 『사략史略』을 시작으로 독서를 하였고, 1691년(숙종 17)에는 사서인 『논어』·『맹자』·『대학大學』·『중용』 등의 읽기를 마쳤다. 권상일은 독서에

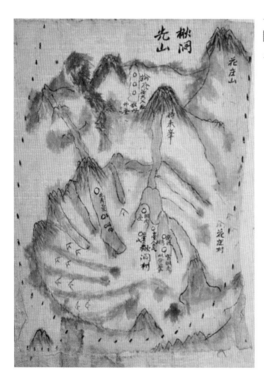

그림 1 『(국역) 청대일기』3, 한국국학진흥원, 2015
권상일 선대의 예천 추동 일대 묘산도

더욱 주력하면서 잠자는 것도 먹는 것도 잊고 반복하여 생각하면서 학문의 깊이를 더하였다.

권상일의 수학 과정은 서원이나 산사 등의 거접居接 생활을 통해서 이어졌다. 거접은 집을 떠나 특정 장소에서 혼자 혹은 동료 등과 함께 모여 강학을 하거나 제술하는 것을 말한다. 권상일이 거접하면서 수학한 장소와 시기는 아래와 같다.

거접 시기	기간	거접 장소
1702년 6월 6일-6월 7일	2일	상주 대승사(大乘寺)
1702년 11월 19일-12월 3일	14일	이계서원(伊溪書院)
1703년 11월 22일-12월 20일	29일	상주 대승사
1704년 5월 26일-6월 5일	10일	상주 대승사
1704년 7월 7일-7월 19일	13일	이계서원
1704년 7월 20일-7월 23일	4일	수계소(修契所)
1704년 11월 20일-12월 2일	13일	예안 성천사(聖泉寺)
1706년 6월 25일-7월 1일	6일	수계소
1706년 11월 4일-11월 25일	22일	상주 대승사
1707년 6월 27일-7월 24일	27일	상주 김룡사→대승사
1707년 9월 12일-10월 1일	19일	수계소
1707년 11월 29일-12월 16일	18일	상주 김룡사(金龍寺)
1708년 1월 23일-2월 6일	13일	상주 대승사
1710년 5월 1일-5월 11일	10일	문경 오정사(吳井寺)

표 1 권상일의 거접 시기와 장소

* 이 표는 전경목, 「조선후기 지방유생들의 수학과 과거 응시」, 『사학연구』 88, 한국사학회, 2007, 280쪽에서 정리한 내용을 참고하고 『청대일기』를 통해서 보완한 것이다

거접은 소수의 인원이 모이기도 하지만, 어느 경우에는 200여 명 이상이 모였다. 1702년(숙종 28) 11월 19일 이계서원에서 거접할 때는 6-7명이 모여, 『논어』를 강독하거나, 서로 차운하며 율시律詩를 교환하였다. 1720년 12월 20일 서원의 제민루濟民樓에 모였을 때는 다음의 시를 활용하였다.

밭의 달과 솔바람이 누각에 가득하니
竹月松風滿一樓
밤이 깊어 굽은 난간머리에 기대었네
夜深徙倚曲欄頭
사나이 눈 아래 천지가 열리고
男兒眼底乾坤濶
시객은 주머니에 경물을 담네
騷客囊中景物收
얼음에 막힌 차가운 물소리 석탑에 들리고
氷塞寒聲聞石榻
기러기 성긴 그림자 모래톱에 내려앉네
鴈來踈影落沙洲
오늘 밤 끝없는 흥취 다 주워 담아
今宵拾盡無邊興

거접 기간에는 제술을 하며, 제술한 작품을 인근의 석학에게 보내 검토를 받는 경우도 있었다. 권상일은 거접 시에 동료들과 모여 공부하는 한편, 집에 편지를 보내 안부를 묻거나 친척의 상장喪葬에 조문하기도 하였다. 거접 중 전염병이 도는 등 예외적인 상황이 일어나면 거접 장소를 바꾸었다. 권상일은 1706년(숙종 32) 6월 25일 이계서원의 재사齋舍에서 거접하다가 서원 아래에서 돌림병이 갑자기 발생하자 수계소로 옮겨 거접하였다.

수학 과정에서 권상일은 강회講會나 백일장白日場을 비롯해 각종 과거에 응시하며 학문을 연마하고 성과를 점검하였다. 강회는 유생儒生들이 모여 경서에 대한 이해나 제술 실력 등을 경쟁하는 것으로, 지방관이 운영하거나 문인 집단 또는 서원, 서당 등에서 강회를 열었다. 권상일이 공부를 하던 시기에는 경상도 관찰사가 주도한 강회가 열린 적이 있다. 1703년(숙종 29) 1월 5일 경상도 관찰사는 예하 각 군현에 지시하여 유생의 강경과 제술 계획안을 작성하게 하였다. 군현에서 제술은 고을 수령이 고사하되 장원壯元 답안지는 깨끗하게 써서 감영監營에 보내고, 강경은 훈장이 맡도록 지시하였다. 이런 까닭으로 서원 재사에서 강회를 개설하였고, 권상일도 참석하였던 것이다. 강회는 상황에 따라 운영 방식이 달라지곤 했다. 가령 1704년(숙종 30) 9월 관찰사가 각 군현에 보내는 공문에서, 강회를 각 면에서는 매달 한 차례 시행하고 두 달마다 읍내에서 수령이 직접 시험을 관장하도록 하였던 것이 한 예이다.

백일장은 유생들이 모여 그동안 쌓은 실력을 겨루는 일종의 경시대회이다. 백일장은 지방관이 주도하거나, 지방 사족이 자체적으로 시행하기도 하였다. 1703년 9월 20일 목사로부터 백일장을 개설한다는 통보가 전달되었고, 9월 29일 백일장이 시행되었으며 권상일도 참여하였다. 이날 백일장의 시제詩題는 "봉황지鳳凰池에 직접 드나드는 것보다 훨씬 낫겠네(全勝身到鳳凰池)"였고, 부제賦題는 "좌백도左伯桃를 따라 자살하다(自殺從伯桃)"였다. 이날 백일장에서 권상일은 삼하三下의 성적을 받았다. 1704년 5월 23일에는 관찰사가 상주에 오는 것을 기념해 백일장을 시행한다는 통보를 받았으나, 정작 관찰사가 육촌상을 당해 백일장이 취소되었다. 백일장에 참여하기 위해 많은 선비들이 모였다가 허탕을 치고 돌아갔다.

1704년 8월에는 상주 고을 수령이 백일장을 열었는데, 권상일은 과거 시험 때문에 참석하지 못하였다. 같은 해 7월에 권상일은 영천榮川에서 열린 백일장에 참가한 적도 있다. 7월 25일 권상일은 영천 읍내를 지나면서 관아에서 백일장을 열어 많은 선비가 모였다는 소식을 듣고는 시와 부를 지어 제출하였다. 이

때 권상일은 또 삼하의 점수로 합격하였다. 지방관과는 무관하게 지방 사족이 수계소에서 자체적으로 백일장을 시행하기도 하였다.

권상일은 강회나 백일장 등에 참여하는 한편 여러 차례 과거에 응시하였다. 조선시대 관직에 나아가는 데는 여러 가지 방법이 있었다. 과거에 급제하거나 음서蔭敍로 진출하는 방법이다. 이 중 과거는 문신을 선발하는 문과와 무신을 선발하는 무과가 있었고, 기술직 중인인 역관이나 의관 등은 잡과를 거쳤다. 이 밖에도 소과小科로 분류되는 생원·진사시가 시행되었다. 소과는 바로 관직에 진출하는 과거시험은 아니었으나, 성균관 입학 자격이 주어지며 성균관에 가서 각종 절일제節日製 등의 테스트를 거쳐 관직에 나아갈 수도 있었다.

권상일의 과거 도전은 1702년(숙종 28) 2월 문과의 초시 단계인 향시鄕試로부터 시작되었다. 조선시대 문과는 3년마다 시행하는 식년시와 비정기 시험인 별시 등이 있다. 이 중 식년시는 초시·복시(혹은 회시)·전시 3단계로 치러졌는데, 첫 단계인 초시는 대개 응시자의 거주지에서 치러지는 향시 단계이다. 향시는 도내道內의 두 곳에서 치러졌다. 권상일이 처음 도전한 향시는 1702년 2월 10일 현풍에서 치러지는 시험이었다. 이때 거창에서도 향시가 치러졌다. 권상일은 2월 시험이 치러진다는 소식을 대략 한 달 전쯤인 1월 6일에 들었다. 권상일은 2월 4일에 시험을 치르기 위해 집에서 말을 타고 출발, 2월 7일 현풍에 도착하였다. 도착한 뒤에는 거처를 마련하였다. 이전에 머물던 곳에서 거처하려고 하였으나, 이미 밀양 사람들이 차지하고 있어 새로운 거처를 마련하여 들어갔다. 2월 8일에는 녹명소錄名所에 나아가 시지試紙에 도장을 받았다. 이번 시험의 감독관은 경시관으로 이광저李光著, 참시관으로 진주목사와 함양군수가 왔다. 2월 10일에 치러진 시험은 시詩를 짓고, 부賦를 지으며, 사서에서 뽑은 구절에 대한 논술시험인 의疑로 치러졌다. 합격자는 2월 24일에 발표되었는데 권상일은 불합격이었고, 그가 작성한 시권은 다음 달인 3월 2일에 전달되었다.

권상일은 같은 해 11월 순흥에서 치러진 향시와 2년 뒤인 1704년 8월에 치러진 향시에서 모두 불합격하다가, 1707년 8월 창녕에서 치러진 향시에서 비로소 합격하였다. 그가 합격했던 1707년 8월의 과정을 잠간 따라가 보도록 하겠다. 권상일은 그해 시험 소식을 8월 5일에 접하였다. 경상우도는 의령에서, 경상좌도는 창녕에서 치러진다는 것이었다. 권상일은 이때 과거 시험을 보기 위해 왕래하는 과정에서 드는 경비를 걱정하였다. "올벼는 다 떨어지고 늦벼는 아직 익지 않아" 먼길에 양식이 고민이었다. 8월 19일 집을 나서서 선산→성주→현풍 등을 거쳐 창녕에 도착하였다. 창녕을 가는 과정에서 선산에서는 길재吉再의 "찌를 듯한 높은 절개"를 상상하기도 하였다. 8월 27일에 시와 부를, 8월 29일에는 의疑와 의義 시험을 보았다. 이때 권상일은 부친과 함께 응시하였는데, 부친은 마침 시관으로 파견된 종조부와 상피相避해야 했기에 결국 시험을 보지 못하였다. 권상일은 시험을 치른 뒤인 9월 6일에 집으로 돌아왔으며 9월 9일 종장終場에서 2등 세 번째로 합격했다는 소식을 들었다.

향시에 합격한 권상일은 다음 해인 2월 한양에서 치러진 회시에 응시하였다. 향시에 합격한 뒤 권상일은 공부에 여념이 없었다. 문을 닫고 공부에 전념하였다. 그러나 전년 연말부터 마을에 퍼진 전염병 때문에 피접避接을 다니느라 공부를 제대로 못 한 것을 걱정하기도 하였다. 1708년(숙종 34) 2월 13일 권상일은 한양으로 가기 위해 집을 나섰다. 문경의 초곡草谷에서 1박을 하고 새재(鳥嶺)를 넘어 충주의 달천을 지나서 가흥창→이천利川→광주 경안역→송파 나루를 거쳐 2월 18일 서울의 반촌泮村에 도착하였다. 2월 28일에 시험이 치러졌는데, 의疑와 의義였다. 같은 날 치러진 시험에 80살의 황창술黃昌述이 참가한 것을 보면, 당대인들의 과거에 대한 열망을 느낄 수 있다. 권상일은 시험을 치르고 바로 다음 날 귀가하기 위해 서울을 나왔다. 아마도 서울에 머물면서 지출되는 경비에 상당한 부담을 느꼈기 때문일 것이다. 낙향하던 중인 3월 1일에 방목榜目이 발표되었는데, 본인을 포함해 함께 낙향하던 일행 모두가 낙방하였다. 하향하면서는 일행들과 함께 주머니를 털어 술을 사서 큰 잔으로 한 잔씩 들이켜고 헤어졌다.

과거에 대한 권상일의 도전은 계속되었다. 2년 뒤인 1710년 (숙종 36)에 뜻하지 않게 과거가 시행되었다. 병환으로 고생하던 국왕 숙종의 회복을 종묘宗廟에 고유하고 사면령을 내린 뒤 이를 기념하기 위해 부정기적으로 치러지는 증광시가 열린 것이다. 증광감시增廣監試는 3월 20일에, 동당시東堂試는 4월 11일에 시행하도록 결정되었다. 여기서 증광감시란 증광시로 치러지는 생원·진사시를 말하며, 동당시는 문과의 초시인 향시를 말한다. 3월 20일에 치러지는 감시는, 경상우도는 안음安陰(뒤에 안의安義로 개칭됨)에서, 경상좌도는 청도淸道에서 열렸다. 3월에 치러지는 증광감시 때 권상일은 청도에서 시험을 치렀으나 낙방하였다.

권상일은 이어지는 4월의 동당시에도 응시하였다. 경상우도의 동당시는 산음山陰(후에 산청)에서, 경상좌도는 안동安東에서 치러졌다. 권상일은 4월 8일 우도의 시험 장소인 산음으로 향했다. 이어 4월 11일 산음에 당도하였다. 4월 13일 부·표表로 답안을 작성하였고, 4월 15일에는 책문策問 답안지를 제출하였다. 책문의 주제는 "농시農時를 어기지 않는다는 것에 대해 묻는다(問不違農時)"였으며, 답안의 작성은 밤 초경初更(저녁 7시-9시 사이)까지 이어졌다. 산음에 있으면서 과거시험이 없는 시간에는 지역의 주요 명소를 방문하였는데, 환아정換鵝亭에서 석봉 한호韓濩가 쓴 웅건하고 호방한 필력의 편액을 감상하였다. 권상일은 4월 16일 귀갓길에 올랐으며, 4월 22일에 시험 결과인 방목이 발표되었는데, 기다리던 소식을 접하였다. 합격 소식을 들은 것이다.

향시에 합격한 권상일은 다음 달인 5월 서울에서 열리는 증광시 회시에 응시했다. 역시 과거를 준비하는 과정에서 걱정이 있었다. "서울 갈 날이 다가오나 여러 차례의 과거 걸음으로 집에 아무것도 없어서" 답답하였다. 경비 마련을 위해 서울댁 인장仁庄의 곡식을 꾸었다. 권상일은 5월 16일 집을 나섰는데, 서울로 들어가는 여정은 앞서 1708년 2월 때와 같았다. 권상일은 5월 20일 도성에 도착해서는 반촌에 거처를 마련하였다.

과거 시험은 5월 28일에 치러지는데, 권상일은 본 시험에 앞서 5월 26일 도성 내 서학西學에 가서 전례강典禮講을 치렀다. 전례강은 『경국대전』과 『가례』를 암송하여 뜻을 풀이하는 고강이다. 전례강을 통과하여야 응시자를 등록하는 녹명錄名 절차를 거칠 수 있었다. 권상일은 5월 28일 부·표의 답안지를 작성하였고, 5월 30일에 책문 답안지를 제출했다. 책문 답안지를 제출하기 전날인 5월 29일에는 과거 시험장에서 답안지를 베낀 부분이 의심스러운 자의 시권이 적발되어 하인을 옥에 가두었다는 소식을 들었다.

6월 3일 고향으로 가기 위해 길을 나서 왕심촌杜尋村(즉 현재의 왕십리)에 이르렀는데, 방목이 발표되었다. 권상일은 합격 소식을 들었는데, 성적은 3등 16인이었다. 권상일은 합격 소식을 듣고는 최종 시험 단계인 전시殿試를 보기 위해 발걸음을 돌려 서울로 들어갔다. 서울로 돌아온 권상일은 분주한 일상을 보냈다. 합격을 축하하기 위해 지인이나 현직 인사들 다수가 찾아왔는데, 수찬修撰 권세항, 장령 이웅징, 장령 김시경, 관찰사 홍근하 등이 찾아왔다. 전시는 국왕이 친림親臨하여 회시 합격자의 순위를 정하는 시험으로, 과거 합격 여부는 회시 단계에서 결정되었다.

6월 8일 증광시의 마지막 단계인 전시가 경덕궁慶德宮(후일의 경희궁慶熙宮)에서 열렸다. 전시는 국가 의례인 문과전시의文科殿試儀에 준해서 시행되었다. 권상일이 참여한 전시의 시험 과목은 표로, 권상일은 오전에 답안을 마무리해 제출하고 나왔다. 이날 시험에 응시한 인원은 회시 합격자와 함께 직부전시直赴殿試의 특혜를 받은 인원과 진시陳試 인원 9명이 추가되었다. 진시란 초

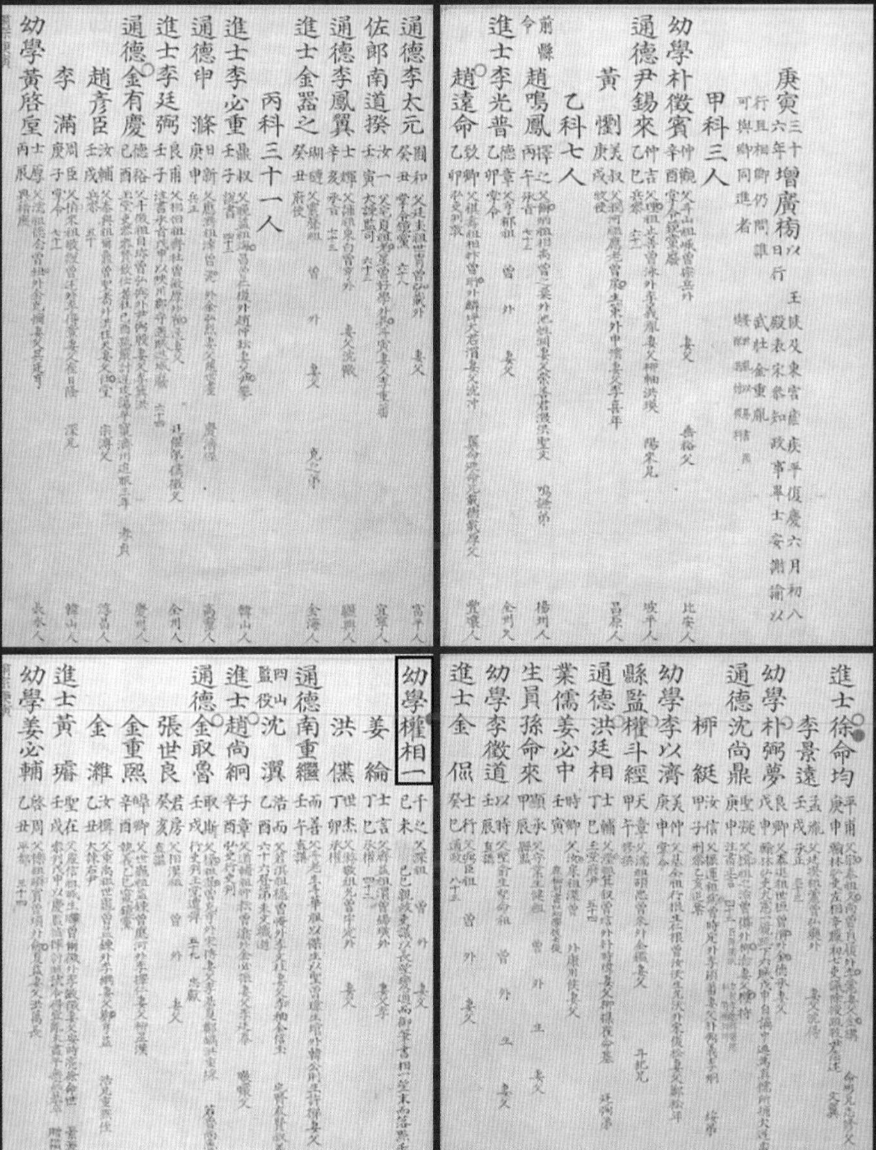

庚寅三十年增廣榜

甲科三人

幼學朴徵賓
通德尹錫來
進士李光普
今前縣監趙鳴鳳
黃憻
乙科七人
趙遠命

通德李太元
佐郎南道揆
通德申澯
進士李廷弼
通德李鳳翼
進士金器之
進士李必重
丙科三十一人
通德李有慶
趙彦臣
李滿
幼學黃啓屋

進士徐命均
幼學李景遠
通德沈尚鼎
柳綎
幼學李以濟
縣監權斗經
通德洪廷相
業儒姜必中
生員孫命來
幼學李徵道
進士金偍

幼學權相一
姜綸
通德南重縡
洪儵
監役沈潤
進士趙尚絅
通德金取魯
張世良
進士金灘
金重熙
幼學姜必輔
進士黃璿
幼學金

그림 2 『국조방목』, 서울대학교 규장각한국학연구원 奎貴11655, https://kyudb.snu.ac.kr/

시에 합격하여 회시에 응해야 했으나 상喪이나 병 등으로 인해 여의치 않자 예조禮曹에 청원하여 다음 번 회시에 응한 인원을 말한다. 당일에 권상일의 성적이 발표되었는데, 병과丙科 20등이었다. 과거 평가는 갑과甲科·을과乙科·병과丙科 3단계로 평가하는데, 정규 시험인 문과 식년시의 경우 합격자는 갑과 3명, 을과 7명, 병과 23명이었다.

급제 소식이 전해진 뒤 관원이나 지인들은 안부를 전하거나 직접 찾아와 합격을 축하하였다. 6월 15일에는 궁궐에서 창방唱榜이 진행되었다. 창방은 방방放榜이라고도 하는데, 과거 급제자에게 합격 증서를 나누어 주는 의식이다. 합격 증서는, 문·무과 급제자에게는 홍패紅牌를, 생원·진사시 입격자에게는 백패白牌를 나누어 주었다. 창방은 궁궐의 정전正殿에서 문무백관과 종친 등이 도열한 상태에서 진행되는데, 성적순대로 모두가 입장하면 국왕에게 사배四拜를 하고 나왔다. 창방 의식에서는 합격 증서와 함께 어사화御賜花, 술과 음악, 일산日傘 등도 하사하였다. 권상일은 창방에 참여했다가, 6월 17일 성균관에 나아가서는 알성謁聖을 행한 뒤에 귀향하기 위해 서울을 나왔다. 고향에 내려온 뒤인 7월 4일 아침에 도문연到門宴이 열렸다. 도문연이란 과거에 합격을 축하하기 위해 베푸는 잔치로, "원근의 사람들이 구름같이 모여" 들었다.

2

분관分館과
면신례免新禮

과거 급제 후 권상일은 한동안 고향에 머물렀다. 아직은 관직에 배치되지 않았기 때문이었다. 고향에서 권상일은 지역 내 사림士林의 집합소인 향사당鄕射堂에 가서 지역 어른들에게 인사를 드리거나, 향교에 들러 대성전大成殿에 참배하였으며, 시조의 묘소를 비롯해 추동이나 순흥의 태장胎庄에 있는 조상과 장인의 묘소 등을 찾아가 과거 급제를 고하였다. 친구들이 문회계文會契를 열어 술잔을 기울이며 시를 교환하였다. 아래는 이때 권상일이 지은 시이다.

계모임 글 친구들 이 자리 우뚝하니

同契文朋此會高

당시의 갈고 쪼던 수고로움 깜빡 잊겠네

頓忘當日琢磨勞

만 리 큰 바다 내가 먼저 길을 나서니

滄溟萬里吾先路

차례대로 여러 붕새 깃을 치며 날아 오르리

次第群鵬振羽毛

　그동안의 수고로움이 느껴지면서 앞으로의 포부도 제시하
였는데, 시어詩語 중 '붕새(鵬)'는 원대한 꿈을 비유한다. 권상일
은 고향에 있으면서 근암서원近嵒書院이나 도남서원道南書院, 삼
강서원三江書院, 소천서원蘇川書院, 도동서원道東書院 등에서 거접을
하거나, 사당에 참배하였다. 8월 18일에는 특히 도산서원陶山書
院의 상덕사尙德祠를 참배하면서 퇴계를 그리며 현실에 "습속이
투박하여 무너지고 정학正學이 죄다 없어"짐을 한탄스러워하며
격앙되고 감탄하며 눈물이 흐를 것 같은 벅찬 감정을 느꼈다.
　권상일은 이런 가운데서 중앙의 정치 동향에도 관심을 기울
였다. 이 시기는 중앙에서 최석정崔錫鼎의 저술인『예기유편禮記
類編』을 두고 노론과 소론 사이에 갈등이 있었다. 1694년(숙종 20)
갑술환국 이후 국왕의 주도하에 추진되던 탕평 정국이 1710년
(숙종 36)을 기점으로 균열 양상을 보이며 노론 중심의 정국이 조

성되었다. 그 계기가 바로 1709년(숙종 35) 1월 이관명李觀命의 문제 제기로 시작된 최석정의 저술인『예기유편』을 둘러싼 논란이었다.『예기유편』은『예기禮記』를 편목으로 재편하고 여기에『대학』·『중용』·『효경孝經』 등의 내용을 첨입한 저술이다. 이에 대해 1709년 1월 이관명이 상소에서『예기유편』이 주희朱熹의 본지를 어겼다는 등의 내용으로 비난하며 논란이 시작되었다. 최석정의 자변소自辨疏를 비롯해 양측 지지자들에 의해 논란이 지속되다가 1710년 2월 최석정이 영의정에서 면직되는 결과로 나타났다. 이어 같은 해 3월에는『예기유편』의 판각을 부수는 훼판毁版이 결정되었고, 책을 태우는 화서火書가 시행되었다. 최석정이 정계에서 물러난 뒤 노론계 인사들이 대거 기용되었고, 이를 계기로 "노론이 일을 맘대로 시작"하였다. 정국의 주도권을 장악하게 된 노론의 입장에서는 자신들의 정치적, 학문적 정당성을 확인하고 이를 통해 주도권을 공고하게 할 필요가 있었다.

통상적으로 과거에 급제한 뒤에는 성적에 따라 분관分館을 거친다. 분관이란 문과에 급제한 사람을 특정 관서에 배속시켜 9품직의 권지權知라는 직함을 주어 실무를 익히게 하는 일이다. 권지는 오늘날 시보試補와 같은 직함이다. 분관은 급제자 전원을 바로 실직實職을 줄 수 없기에 시행한 것이다. 과거 성적에 따라 실직이 부여되거나 분관이 진행되었다. 무직자가 과거에서 갑과 1등인 장원으로 급제하면 6품 이상 관직을 주었으며, 갑과 2등인 방안榜眼과 3등인 탐화랑探花郎으로 급제하면 7품의 관직을 주었다.

이들 이외에 실직으로 제수된 관직이 예문관의 사관직史官職 중 하위인 검열檢閱이다. 사관은 한림翰林이라고 불리기도 하였는데, 정9품직의 검열과 함께 상위인 봉교奉敎(정8품)·대교待敎(정7품)와 함께 8한림翰林에 속한다. 검열을 포함한 한림은 품계가 낮음에도 불구하고 청직淸職으로 분류된다. 한림은 독특한 선발 체계인 한천제翰薦制로 운영되었다. 한천제는 한림이 자신들의 후임을 스스로 뽑는 자천체 방식의 하나이다. 한천제 운영은 크게 두 부분으로 나눌 수 있다. 먼저 새로 천거薦擧가 되고, 그 후 보자들의 자질을 검증받는 천거의 과정이다. 천거 단계는 어떤 사람을 천거할 것인가 논의하는 단계를 거쳐 전임자들에게 천거 명단을 확인받는 회천回薦, 최종적으로 결정된 명단을 가지고 분향焚香을 하는 세 단계가 있다. 천거 대상자는 사관의 조건으로 재才·학學·식識의 조건을 갖추어야 할 뿐 아니라 반드시 집안에 흠이 없고 마음가짐도 올바른 사람이어야 했다. 더구나 붕당이 형성된 이후에는 추천자의 당색黨色도 무관하다고 볼 수는 없었다. 조선시대에 정승政丞에 오른 인원의 관력官歷을 분석한 연구에 따르면, 정승의 초입사직初入仕職으로 가장 많이 거친 관직이 예문관의 검열이었다고 한다. 즉 검열에 제수된다는 것은 다른 관직에 비해 향후 관직에 승진하는 과정에서 경쟁 우위에 서는 것이었음을 말해준다. 후술하겠으나, 권상일의 경우는 사관 추천 대상자로도 거론되지 않았다. 이는 결국 당대의 정치적 상황과 무관하다고 할 수 없겠다. 영남 남인南人 권상일은 소수자로서의 비애를 느꼈을 것이다.

이렇게 실직을 받지 못한 나머지 급제 인원은 분관을 한다. 분관하는 관서는 변화가 있었다. 처음에는 승문원承文院·성균관成均館·교서관校書館 등 3관館으로 운영되다가 성종대에 홍문관이 설치되면서 홍문관도 분관 대상 기관으로 포함되었다. 어느 기관에 분관되는가에 따라서 이후 관직 진출에도 영향을 미쳤다. 4개의 기관 중 승문원에 분관되면 이후 핵심적인 7품 이하의 관직에 나아갈 가능성이 있었다. 권지로 분관된 급제자들은 이후 두 가지 승진 경로가 있었다. 하나는 삼관의 참하관원들이 분관된 순서에 의해 차례차례 승진함에 따라 비로소 권지를 떼고 해당 관서의 실직에 올라갔다가 이후에도 계속 삼관의 참하 관직으로 승진하는 것이었다. 다른 하나는 타 관서의 참하관원으로 나가는 경우이다.

권상일의 과거 성적은 병과 20등으로, 분관을 거쳐야 했다. 그러나 당시 분관은 쉽게 이루어지지 않았다. 그 이유는 앞선 과거에서 부정을 범해 일어난 옥사獄事인 이른바 과옥科獄의 처리 과정에서 삭과削科가 되고 복과復科가 된 사람들 때문이었다. 당대의 과옥 중에는 1699년(숙종 25) 단종 복위를 축하하기 위해 시행한 증광시 문과의 부정행위 처리 과정에서 소론의 불공정한 시험 운영이 문제가 되어 일어난 기묘과옥己卯科獄이 있었다. 기묘과옥으로 과거 자체가 파방되었고, 부정행위자 50여 명이 처벌을 받았다. 과거의 부정이 옥사로까지 확대된 것은 붕당 간의 갈등으로 인한 것이었다. 기묘과옥 이후 다시 과옥이 발생한 것은 1712년(숙종 38)으로, 임진과옥壬辰科獄이라 불리는 과옥이 그것이다. 과옥은 과거 부정이 단순한 부정에 그치지 않고 그 처리 과정에서 정치적 갈등과 이해관계가 반영된 사건이었다.

이렇게 과옥이 계속 일어나는 과정에서, 권상일이 급제한 시기에는 앞서 1699년에 있었던 기묘과옥 때 삭과된 급제자에 대해서 복과 논의가 있었다. 기묘과옥 때 삭과된 강세윤姜世胤·심준沈埈·최수경崔守慶 등의 복과가 부당하다는 논란이 계속 제기된 것이었다. 아마도 이들의 복과 논란이 마무리되지 않아 분관이 시행되지 않았던 것으로 보인다. 기묘과옥 삭과자의 복과 논란이 10월까지 이어지자, 국왕은 분관의 조속한 거행을 지시하였다. 권상일 등에 대한 분관은 11월 3일에 시행되었다. 그리고 분관 결과 영남인으로 김간金侃(1653-1735)과 권상일만이 승문원에 분관이 되는 데 그쳤다. 조선 후기 분관 중에서는 예문관을 제외하고 승문원이 다른 관서에 비해서 우위를 차지하였는데, 다른 기관에 분관되는 것보다 핵심 관직에 진출할 가능성이 높았기 때문이다.

분관 이후 권상일은 곤욕스럽게 생각하고 있던 면신례免新禮를 치러야 했다. 면신례에 대해서는 성현成俔의 『용재총화』에 흥미로운 기술이 있어 옮겨 본다.

옛날에 새로 문과에 등과한 사람을 제재한 것은 호사豪士의 기를 꺾고 상하의 구별을 엄격히 하여 규칙에 따르게 하는 것이었다. 바치는 물품이 물고기면 용龍이라 하고, 닭이면 봉鳳이라 하였으며, 술은 청주이면 성聖이라 하며, 탁주이면 현賢이라 하여 그 수량도 한이 있었다. 처음으로 관직에 나가는 것을 허참許參이라 하고 10여 일을 지나 구관舊官과 자리를 같이하는 것을 면신免新이라 하여 그 정도가 매우 분명했다. 그런데 오늘날에는 사관四館(성균관·예문관·승문관·교서관)뿐만 아니라, 충의위忠義衛·내금위內禁衛 등 여러 위衛의 군사와 이전吏典의 복예僕隷들까지도 새로 배속된 사람을 괴롭혀서 여러 가지 귀하고 맛있는 음식을 졸라서 바치게 하는데 한

이 없어 조금이라도 마음에 흡족하지 않으면 한 달이 지나도 동좌同坐를 불허하고, 사람마다 연회를 베풀게 하되 만약 기악妓樂이 없으면 간접으로 관계되는 사람에게 책임을 추궁하는 것이 끝이 없다.

— 성현, 『용재총화』

면신례의 시행에 대해서는 상당수가 고역일 뿐 아니라 많은 비용이 소요된다는 점 등을 들어 부정적으로 생각하고 폐지를 주장하였다. 그러나 위 성현의 기록처럼 "호사의 기를 꺾고 상하의 구별을 엄격히 하여 규칙에 따르게 하는 것"이라는 면에서 보면 신입 관원들에게 관료 사회의 질서를 체험해 보는 과정이었다.

권상일도 면신례를 거부할 수는 없었다. 승문원에서는 권상일에게 면신례에 참여하기를 지속적으로 요구하였다. 심지어는 권상일이 면신례를 지체하자 가동家僮을 옥에 가두거나, 관인館人 이아已阿를 두 차례나 옥에 가두기도 하였다. 권상일은 과거 급제 후 한동안 고향인 상주에서 머물다가 1711년(숙종 37) 4월 7일 서울로 가기 위해 집을 나섰다. 4월 12일 서울에 도착했는데, 서울로 올라오는 중 승문원에서는 권상일에게 면신례를 독촉하기 위해 사람을 보냈는데 길이 어긋나서 만나지는 못

했다. 권상일이 서울에 도착한 다음 날 승문원 서리 4-5명이 면신칙免新勅을 가지고 왔다. 현재 면신칙이 어떠한 형태와 내용이었는지 알 수 없으나, 대개 면신례를 행하라는 승문원의 안내장정도가 아닌가 한다.

면신칙을 받은 지 7일 정도가 지난 4월 20일 규례規例에 따라 승문원 근처에 막사가 설치되었다. 권상일은 아침에 막사로 나아갔다. 권상일이 막사에 도착하니 서리가 승문원의 오랜 규례 1권을 가지고 와서 보여 주었고, 규례의 일부를 암기토록 하였다. 권상일은 이를 경계하라는 의미로 받아들였다. 해가 서쪽으로 넘어갈 무렵에 권상일은 귀신 행세를 하며 선생에게 큰 자지刺紙를 돌렸다. 자지란 오늘날의 명함을 지칭하는 용어이다. 이렇게 자지를 돌리는 행위는 후배 관원이 선배 관원을 존경하는 마음을 갖도록 하기 위한 것이었다.

면신례를 하는 신진은 대개 신귀新鬼라 칭하며, 해진 복장과 부서진 모자를 입어 귀신 복장을 갖추어야 했다. 선생은 먼저 직임을 맡은 자를 말하는데, 같은 동방同榜이지만 먼저 면신례를 한 자들도 선생으로 대우하였다. 권상일은 열아홉 집에 회자하였기에 도성의 동서남북을 다녔다. 상당히 고된 일정이었던 듯, 권상일은 일기에 "급히 말을 달려 잠시도 쉬지 않았으나 파루罷漏를 친 뒤에 남대문·서소문·서대문 등에 문을 돌려서 회자를 마치고 임시 막사로 돌아오니 해가 이미 한 길 남짓이나 높이 떠 있었다"고 기록하였다. 권상일의 회자는 며칠 동안 계속되었다. 4월 21일에는 열네 집에, 4월 22일에는 열 집에, 4월 23일에는 여덟 집에, 4월 24일에는 열두 집에 회자하였다. 권상일은 자지를 돌리는 과정에서 퇴짜를 맞기도 하였는데, 4월 22일 회자할 때 이필중李必重(1672-1713)은 "지난날은 자리를 비워야 했으니 도깨비는 도망가지 말지어다(向日當空魑魅莫逃)"라고 여덟자를 써 놓고 퇴짜를 놓았다. 신귀新鬼로 회자하는 의식은 4월 26일에 일단락되었다.

면신례를 마친 뒤에는 허참례許參禮를 행해야 한다. 허참례란 집단에 참여를 허락하는 것이며, 서로 상종을 허락하는 과정이다. 허참례에는 상관의 관직자가 참여하였다. 권상일도 4월 27일 허참례를 시행하였다. 이때 선배 5인이 참여하였는데, 상박사 홍상인洪尙寅, 사록 신숙진愼肅晉, 저작 성윤광成胤光, 권지 심상정沈尙鼎과 강륜姜綸 등이었다. 허참례 때 선배들은 신래를 부르며 장난으로 글을 짓게 하고 승문원의 규례에 수록된「김자정선생찬金自貞先生贊」을 외우게 하였다. 권상일이 외운「김자정선생찬」의 내용은 아래와 같다.

저작(승문원의 한 벼슬) 김공   著作金公

이름은 자정인데	名曰自貞
몸은 비록 여기에 있으나	身雖在此
마음은 서경에 가 있다	心則西京
서경에는	西京謂何
이름난 기생이 있어	有妓擅名
자나 깨나 그를 생각하지만	寤寐思之
소원 못 이루었네	誓願未成
그 소원 어이 이루리	焉遂其慾
오직 말 타고 가려고 글씨를 쓰는데	惟點馬行
쓴 글자 획을 보니	顧其字畫
졸하고도 서투르구나	旣拙且生
쓰고 적어서	爰書謄錄
정교하기 힘쓰는데	以求其精
삼복 무더위에	三伏極暑
땀 흘러 내가 되네	流汗川橫
쉬지 않고 부지런히 쓰며	勤書不掇
20장을 한정하고	廿紙爲程
종일토록 쓰면서도	窮日矻矻
지칠 줄을 모르네	不知疲癃
벗들이 위로하기를	友朋共弔

얼마나 힘드냐 하고	曰何勞形
가탁하여 말하기를 제조가	托云提調
고찰함이 매우 자세하므로	考察甚明
부득이	不得已耳
감히 부지런히 하지 않을 수 없으니	非敢營營
글쓰기 스스로 괴로워도	書之自苦
부지런히 하라 하였네	勤劬丁寧
아, 김공이	嗚呼金公
병이 나려 하는데도	病孼將萌
오히려 멈추지를 않으니	猶未悔止
또한 어리석지 않느냐	不亦愚冥
사람의 몸이란	人之有身
역시 가벼이 여겨서는 안 되는 것	亦不可輕
모든 일을 할 때에는	庶節其勞
쉬기도 하고 편안히 있기도 할 것이니	載逸載寧
자문도 익히지 말고	莫習咨文
기성(평양)도 생각지 말며	莫思箕城
분수를 지키고 연분을 따라서	守分隨緣
나이를 보전하라	以保其齡
낙성의 아리따운 기녀	洛城佳妓

얼굴이 순영(무궁화)같고	顔如舜英
서울 길 긴 둑에	紫陌長堤
왕도는 평평하니	王道平平
말 몰고 달려	載驅載馳
임금의 마음을 위로하라	以慰君情

—『패관잡기』권2

　이어서 밖으로 나가 비로소 귀신 복장을 벗고 새로운 사모紗帽와 관대冠帶를 착용하며 장복章服을 입고 끝자리에 앉는 것을 허락하였다. 이어 뒷짐을 진 채로 머리가 땅을 닿을 정도로 절을 하는 몰두례沒頭禮를 행하고 나서야 허참례가 마무리되었다.

　허참례가 마무리되면 신래들이 자금을 모아 거하게 잔치를 벌였다. 잔치에는 승문원의 관원 이외에도 먼저 승문원을 거쳐 간 대신大臣급 관원들이 참석하기도 하였다. 이때 신래들은 사모를 거꾸로 쓰고 두 손은 뒷짐 지고 머리를 숙여 선생 앞에 나아가 두 손으로 사모를 올렸다 내렸다 하였는데, 이를 예수禮數라 하였다. 참석한 신래들에게 직명을 외우게 하는데, 앉은 자리를 기준으로 위로부터 아래로 내려가면 순함順啣이라고 하고 아래로부터 위로 올라가면 역함逆啣이라 하고, 기뻐하는 모양을 짓게 하여 희색喜色이라 하고, 성내는 모양을 짓게 하여 패색悖

色이라 하였으며, 그 별명別名을 말하여 모양을 흉내를 내게 함을 '3천 3백'이라 하였으니, 이는 모두 신래들을 욕보이는 방식이다.

면신례와 허참례 등을 마치게 되면서 권상일은 비로소 관원으로 대접을 받으며 관직 생활을 시작하였다. 권상일이 분관된 승문원은 중국에 보내는 사대문서와 주로 일본에 보내는 교린 문서의 작성을 주관하는 관청이다. 권상일은 허참례를 마친 당일에 숙직하였다. 대개 신입 관원은 주도做度라 하여 20일 동안 숙직을 해야만 했다. 주도는 오랜 기간 직숙直宿해야 하기에 고역일 수 있으나, 관청의 입장에서는 신입 관원이 관청에 적응할 수 있게 하는 과정인 것으로 보인다. 권상일은 주도를 하면서 서리가 전해 준 승문원에 소장된 옛날 사적을 기록한 책을 받아 들고 읽으면서 무료함을 달랬다.

권상일은 권지부정자 직함을 띠고 승문원 업무를 수행하였다. 권지직이다 보니 그가 수행하는 직무는 제한적이었다. 권상일과 같이 이제 막 관직을 맡은 관원의 역할은 주로 관원들에게 문서文書를 회람하거나 사대查對 등의 업무를 수행하는 것이었다. 권상일이 재직하던 시기에는 중국에 자문咨文을 보내는 일과 일본에 서계書契를 보내는 일이 있었다. 1711년 3월 동지겸 사은사로 파견되었던 정재륜鄭載崙이 돌아올 때, 먼저 도착한 군관이 청국에서 보낸 자문을 가지고 왔다. 자문의 내용은 조선인이 위원渭源에서 삼을 캐던 호인胡人을 살해한 사건을 조사하기 위해 조사관 2인을 보낸다는 것과 어채선漁採船 금단과 관련된 것이었다. 자문을 받은 조선에서는 조사관의 접대를 위해 참핵사參覈使 송성명宋成明을 파견하려고 하다가 먼저 청국의 사정과 사건의 진위 여부를 탐색하기 위해 자문을 보내려고 하였다.

대개 표문이나 서계는 대제학이 짓지만, 나머지 문서는 제술관과 이문학관吏文學官이 지은 뒤에 대제학이 다시 윤문을 해서는 승문원 소속의 여러 제조提調에게 회람을 한다. 회람을 하면서 수정이나 보완을 하며 초본草本을 작성하여 국왕에게 올려 결재를 받고는 최종적으로 정서하여 완성하였다. 당시 북경에 보낼 자문을 작성하는 과정에서 권상일의 역할은 승문원의 고위 관원들에게 문서를 회람하는 일이었다. 승문원의 구성은 다음의 【표 2】와 같은데, 대개 도제조와 제조, 부제조 등에게 회람을 해야했던 것이다. 이는 교린 문서도 마찬가지였다.

품계 및 구분	직명	인원수	품계 및 구분	직명	인원수
1품	도제조(都提調)	전현직 의정	종9품	부정자(副正字)	2
2품	제조(提調)	정원 없음	참상관-참하관	제술관(製述官)	2(1인 참상, 1인 참하)
3품	부제조(副提調)	정원 없음	참하관	이문학관(吏文學官)	3
정3품당하	판교(判校)	1	이서(吏胥)	서원(書員)	6
정6품	검교(校檢)	1		서리(書吏)	1
정7품	박사(博士)	2	도례(徒隸)	사령(使令)	5
정8품	저작(著作)	2		방직(房直)	3
정9품	정자(正字)	2		군사(軍士)	2

표2 승문원 직제

회람하는 일은 상당히 고역이었던 것으로 보인다. 1711년 5월 권상일은 교린 문서의 회람을 위해 3명의 대감과 여러 제조를 합해 모두 열여섯 집을 돌며 문서를 회람했다고 한다. 제조는 현임 영의정 서종태徐宗泰, 좌의정 김창집金昌集, 우의정 조상우趙相愚, 도제조 겸 지사 홍수헌洪受憲, 이조판서 이숙李塾, 병조판서 최석항崔錫恒, 호조판서 김우항金宇杭, 형조판서 윤덕준尹德駿, 좌참찬 이언강李彦綱, 우참찬 윤세기尹世紀, 판윤 황흠黃欽, 예조참판 겸 대제학 김진규金鎭圭, 이조참판 이만성李晩成, 병조참판 윤지인尹趾仁, 공조참판 권상유權尚游 등이다. 사직司直 홍만조洪萬朝는 제조이고, 이조참의 이광좌李光佐는 부제조였으나 말미를 얻어 고향에 내려간 상태였다. 권상일은 공사公事의 회람을 위해 원래 살던 반촌泮村을 떠나 어물전 이문 안의 박차석朴次石 집으로 거처를 옮겨야 할 정도였다.

이렇게 회람을 통해 어느 정도 문안이 정리되면 권상일은 승정원承政院에 들어가서 사대查對를 해야 했다. 사대란 작성된 문안을 점검하는 절차를 말한다. 중국에 문서를 보낼 때 서울에서는 세 차례 사대를 행한다. 승문원에서 진행하는 묵초사대墨草査對, 방물方物을 꾸리는 날에 하는 정부사대政府査對, 표를 봉하는 날에 하는 모화관사대慕華館査對가 그것이다. 권상일은 청나라에 보낼 자문이 완성되자, 이를 국왕에게 올리기 위해 승정원에 나아가서 입계단자入啓單子를 올렸다. 이어 이틀 동안 승정원에 가서 사대를 행하였는데, 첫날에 사대할 때 도승지都承旨가 종이 표면에 작은 흠집이 있다면서 바꿀 것을 요청하여 바로 승문원에 와서 조지서造紙署 서리를 통해서 교체하였다. 그리고 다음 날 다시 승정원에 나아가 사대를 하고 돌아왔다.

　권상일은 또한 승문원 관원의 포폄을 위해 도제조 등에게 문의하여 일자를 결정하기도 하였다. 조선시대에는 매년 6월과 12월에 중앙관이나 지방관에 대해서 근무 성적을 평가하는 포폄을 하여 이를 국왕에게 보고하면, 이 자료를 근거로 도목정사都目政事가 행해졌다. 승문원 관원에 대한 포폄은 도제조나 제조, 부제조 등이 시행하였다. 승문원의 서리가 1711년 5월 30일 권상일에게 포폄 때 출근하라는 내용의 고목告目을 전달하였다. 고목이란 중앙의 서리나 지방의 향리가 상관에게 공적인 일을 알리거나 문안할 때 보내는 문서 양식의 하나이다. 고목을 받아든 권상일은 다음 날 통행금지를 해제하는 파루가 울리자 비를 맞으면서 영의정 서종태의 집을 방문해 7일로 정하자는 의견을 받아, 이를 바로 좌의정과 우의정에게 알리고 그 밖에 제조들에게도 두루 회람하였다. 그런데 이렇게 결정된 포폄 일자는 다소 촉박하였고, 승문원 관원 중에 낙향한 관원이 참석할 수 없다고 하여 며칠 연기한 결과 11일에 진행되었다. 권상일은 포폄 당일, 여러 제조에게 포폄 참석 여부를 묻고자 집을 돌았다. 포폄을 행하고 나서는 참석하지 못한 우의정 집에 가서 포폄단자를 확인하도록 하였다.

권상일은 승문원에 재직하면서 각종 시험에 참여해야만 했다. 그중에 하나가 월과이다. 월과는 정3품 당하관 관원을 대상으로 한 테스트의 일종인데, 응시자는 대제학이 뽑아서 국왕에게 보고하였다. 대제학이 시제를 내는데, 주문奏文·표문表文·부賦·송頌·서序·찬贊·의議·설說·논論·칠언율시七言律詩·배율시排律

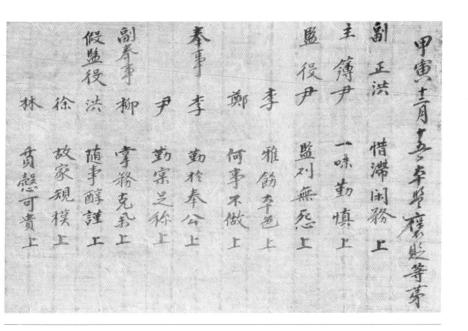

그림 4 『고문서집성』 67책, 나주 회진 나주 임씨 창계후손가편, 한국정신문화연구원, 2003
1794년(정조 18) 12월 15일에 선공감繕工監에서 소속관리들의 근무 성적을 평가한 포폄단자

詩·오언율시五言律詩·고시古詩 중에서 아홉 가지의 시제를 낸다. 사계절의 첫 달에 대제학이 시제를 내면, 사계절의 마지막 달이 끝나기 전에 제출해야 했다. 제출된 결과물은 대제학이 성적을 매겨 국왕에게 보고하는데, 짓지 않은 자와 지었으나 여섯 가지의 시제를 채우지 못한 자는 추고推考하고, 연이어 세 차례를 제술하지 않은 자는 파직하되 지방관인 경우에는 추고하며, 연이어 세 차례 수석을 차지한 자는 가자加資하였다.

권상일은 월과 이외에도 전강殿講 대상자로 차출되었다. 전강은 국왕 앞에서 경서를 강하는 것으로, 대상자는 월과처럼 정3품 당하관을 대상으로 37살 이하 문신 중에서 예조가 선발하여 뽑아서 국왕에게 보고하였다. 오경五經 중 한 책을 돌아가면서 고강하였다. 또한 권상일은 삭서朔書 대상자로 뽑혔다. 삭서란 승문원에서 정3품 당하관 중 40세 이하를 대상으로 매달 해서楷書와 전서篆書를 쓰도록 하는 시험이다. 해서는 1백 자字를 채우되 진초眞草를 덧붙이게 하고, 전서는 40자를 채우되 대전大篆, 소전小篆, 상방대전上方大篆 외에는 쓰지 못하게 하였다. 역시 자격이 갖추어지면 지필묵 등을 지급하지만 이를 제출하지 않으면 의금부에 내려 처벌을 받았다. 권상일은 또한 매달 시행하는 시사試射에 참여해야 했으나, 조사曹司의 일을 하고 있어서 면제받기도 하였다. 조사란 각 관직의 말단 관리로 실무를 맡아서

하는 관원을 지칭한다.

승문원에서의 생활이 고역이기는 하지만 권상일은 "내가 감당해야 할 직무이다. 신하된 자로서 단지 마음을 다하여 봉사할 뿐이지 털끝만큼이라도 모면하고자 하는 생각은 있을 수 없었"다고 말했다. 그런데 권상일은 여름을 지나며 종일 분주하게 일하다가 몸이 여위고 병치레를 하면서 근력이 감당하기 어려운 상황이 되었다. 결국 권상일은 낙향하기로 마음을 먹고 1711년 6월 18일 길을 나섰다. 그런데 출발하기 전에 상급 관원에게 허가를 받아야 했으나, 이런 절차를 거치지 않았다. 결국 6월 24일 승문원의 제조는 국왕에게, 권상일이 임의로 하향했다며 종중추고와 함께 올라오도록 재촉할 것을 요청하였다. 승문원 제조가 보고한 내용을 권상일은 승문원 서리의 고목과 감영의 관문을 통해서 접하고는 병세가 있어 황송한 죄를 지극하여 견딜 수 없다며 일기에 자신 입장을 적어 놓았다.

그 뒤에도 한동안 서리의 고목이나 감영의 관문을 통해 승문원에서 권상일에게 서울로 올라오도록 몇 차례 독촉하였다. 하루는 분관을 해야 하니 속히 올라오도록 고목이 전달되기도 하였다. 분관 시에는 동료 관원들이 모두 참석해야 개좌開座하는 것이 관례였다. 만약에 참석하지 못할 경우에는 일종의 위임장인 패지牌旨를 작성해서 보내야 했다. 반드시 병 때문이라는 패지를 받은 뒤에서야 모여서 개좌할 수 있었다. 결국 권상일도 몇 차례 고목을 받고는, 고향에 내려온 지 약 6개월여 만에 다시 서울로 올라갔다.

서울에 올라와서는 다시 업무에 치였다. 각종 사대 문서나 교린 문서의 회람을 비롯해 연말에는 대궐 문밖에서 행하는 하례賀禮에도 참석해야 했다. 1711년 12월 25일 국왕에게 올리는 전문箋文과 치사致詞를 영의정과 좌의정에게 사대하고, 사대를 마친 뒤에는 직접 무릎을 꿇고 주홍함에 넣어서 받들어 모시고 대궐 뜰 안으로 들어갔다. 중악衆樂이 앞길을 인도하고 차비관差備官의 안내로 계단 위에 시립하였는데, 어탑御榻과의 거리가 가까웠다. 한참 있다가 주상이 어탑에 좌정하니, 세자가 백관을 인솔하여 3품 이하 관원들이 하례를 올렸는데 사배를 하고 나오면, 그 뒤에 세 대감과 3품 이상 관원들이 또 뜰에 들어가 하례를 마치고 나오고, 그 뒤에 세자가 또 들어갔다. 행사의 절차가 복잡하였던 듯, 권상일은 일기에서 위의威儀와 절목이 매우 많아서 다 기록할 수 없다고 기록하였다 주상이 자리를 떠난 뒤에 세자와 백료百僚들이 또 중궁전으로 가서 하례를 올리고, 마친 뒤에 모두 나왔다. 대개 두 왕자와 종친들과 동반東班 관원들이 모두 참여하였으니, 몇백 명인지도 모를 정도였다고 한다. 오후에는 동궁東宮에게 하례를 올렸다.

서울로 다시 들어온 뒤 권상일은 "낮에는 종일 분주하게 바쁘고 밤에는 지쳐 쓰러지는" 일상을 보냈다. 결국 서울에 올라온 지 얼마 지나지 않은 다음 해 1712년(숙종 38) 1월, 고쳐 쓴 국서의 입계入啓와 안보安寶가 지체되어 태만한 습관을 보인다는 이유로 파직되었다. 파직되면서 다시 고향으로 향했다. 고향에서 생활하던 중인 4월 15일에 모친상을, 10월 15일에는 부인상을 당하였다.

3

승륙陞六,
중견관리로서의
참상관

파직되었던 권상일에게 1712년 6월 1일 직첩職牒을 환급하라는 국왕의 명령이 내려졌다. 이 때 권상일은 상중이었다. 이 명령은 파직 처분으로 고신告身이라고도 불리는 직첩을 환수했던 관원에게 다시 돌려주라는 것으로, 파직 이전 상태로 관직이 회복된다는 것을 의미한다. 권상일은 이 명령으로 직첩을 다시 받기는 하였으나, 바로 관직이 주어지지는 않았다.

　권상일은 1715년(숙종 41) 5월 6일 정8품의 승문원 저작이 제수되었다가 신규 과거 급제자의 분관 문제로 벌을 받았다. 그로부터 약 3년여가 지난 1718년(숙종 44) 윤8월 11일 정6품의 성균관 전적에 제수되었다. 승륙陞六이 된 것이다. 승륙은 출륙出六이라고 하는데, 참상관의 자리에 나아갈 수 있는 단계이다. 이에 비해 7품 이하는 참하관(혹은 참외관)이라고 한다. 조선시대 품계는 18품品으로 순자법循資法에 따라 15개월마다 승진하게 되어 있다. 그러나 그 승진이 시일에 따라 무조건으로 이루어지지는 않았다. 조선의 관직 제도에는 일정한 품계에 이르면 승진에 제한을 가하는 경계선이 설정되어 있었다. 그것이 7품과 6품 사이 즉 참외參外와 참상參上의 한계이며, 가령 정3품에서의 당하堂下·당상堂上의 구분은 이미 잘 알려져 있다. 그중에서 7품에서 6품으로 승진하는 것을 출육 또는 승육이라 하였고, 6품이 되어야 비로소 치인관治人官이 되고 정3품의 당하관까지 승진이 가능했으므로 출육은 관료로서 출세의 디딤돌이었다.

권상일은 다음 해인 1719년(숙종 45) 5월 1일 정5품 성균관 직강에 제수되었다. 직강에 제수되면서는 정릉貞陵 제관祭官의 역할이 부여되었다. 정릉은 조선 태조의 계비인 신덕왕후의 능으로, 현재의 서울시 성북구에 위치한다. 권상일은 정릉 제관으로 차출된 뒤, 정릉으로 나가기에 앞서 사은숙배謝恩肅拜를 해야만 했다. 조선시대 신하가 관직을 받고 나서는 국왕을 비롯해 세자궁世子宮과 세손궁世孫宮 등에 감사의 표시로 숙배를 해야 한다. 단, 가자되었거나, 겸직兼職을 맡게 된 경우, 하직下直할 경우와 일을 마치고 조정에 들어온 경우에는 국왕에게만 숙배하였다. 권상일은 국왕에게 사은숙배를 해야 했으나 병으로 여의치 않은 상황이었다. 그런데 마침 "먼저 제사祭祀를 지내고 뒤에 숙배한다"는 종전의 규례가 있다는 말을 듣고는 오후에 길을 나서서 정릉에 도착하였다. 정릉으로 왕래하는 사이에 권상일은 바쁜 일상에서 잠시 여유를 가졌다. "누렇게 익기 시작한 보리를 구경하고 또 모내기를 한 곳이 있어서 나도 모르는 사이에 시골 풍취를 느꼈다"고 한다.

능에 도착해서 권상일은 능참봉 김성택金聖澤과 유언철兪彦哲 등을 만나고서 제사를 위한 제물祭物을 준비하였다. 능의 절일節日 제물은 밀가루·유밀·쌀·콩·겨자·후추·술·음료수(漿)·녹두·미나리·호두·대추·밤·잣 등을 올리며, 각각 한 되(升)나 한 홉(合) 정도의 양이었다. 이어 5월 5일 한밤중을 지나 새벽 무렵인 4경四更 1점一點에 정릉 정자각丁字閣에서 제사를 지냈다. 제례는 헌관獻官 한 사람이 세 번 술을 올리고 음복은 없이 진행하였는데, 종묘에서 올리는 삭망례朔望禮와 같았다고 한다. 이후에도 권상일은 종묘 대제의 당하관 집례로 차출되기도 하였다.

권상일은 정릉에서 제향을 마치고 돌아온 뒤인 5월 6일 궁궐에 나아가 사은숙배를 하였다. 이어 권상일은 성균관 전적으로 본연의 업무를 수행하였다. 6월 20일에는 서리의 고목告目을 보았다. 당일 아침에 문묘의 동무東廡 곁에 있는 회나무에 벼락이 떨어져서 대사성이 막 봉심奉審하기 위하여 들어왔다고 하는 내용이었다. 벼락 맞은 회나무는 둘레가 서너 아름이고 높이가 수천 자(尺)인데, 중간이 부러져 가지가 동무 지붕에 걸치고, 나무의 허리춤에서 뿌리에 이르기까지 모두 꺾이고 찢어져 남은 것이 없으며, 전사청典祀廳 사면의 기와도 대여섯 장 걷혔다고 한다. 매우 놀랍고 두려운 일이었다. 권상일의 표현대로라면, 재앙이고 "일찍이 없었던 일이니 더욱 괴이쩍다"고 하였다. 재앙으로 인식했기에 위안제慰安祭를 열 것이라고 하였다.

그런데 이 사안은 성균관의 장관이나 권상일 등 성균관 관원의 논의에서 그치지 않았다. 회나무가 꺾인 지 10여 일 뒤에 영의정이 차자箚子를 올려 "벼락은 천지가 지극히 노여워한 위엄이고, 성묘聖廟는 나라의 지극히 공경스러운 장소인데, 지극히 노여운 위엄이 갑자기 지극히 공경하는 장소에 미치게 되었습니다"라고 진계陳戒하였다. 부수찬 조상건趙尙健도 상서를 올려 역시 진계하였다. 이들이 진계한 내용에 대해 7월 3일 성균관의 유생들이 불만을 표출하였다. 즉 영의정의 차자 중 회나무에 벼락이 떨어진 변고를 "사습士習이 옛날과 같지 않고, 경박하게 다투며, 식견이 없다"는 등의 말로써 변고의 원인을 거재居齋 유생들의 탓으로 돌렸다고 불만을 표출하였고, 성균관 식당을 비웠으며 기숙사인 재실 또한 비웠다. 즉 공관空館이 있었다는 것인데, 성균관 유생이 재실에 기거하면서 식당에 들어가지 않는 것을 '공당空堂'이라 하고, 재실에 기거하지 않으면서 모두 반촌泮村으로 나가는 것을 '공재空齋'라 하며, 반촌에도 거주하지 않고 각자가 여염집으로 돌아가는 것을 '공관'이라 불렀다.

이렇듯 성균관 유생들의 공관이 진행되면 조정은 시끌시끌해진다. 국왕을 비롯해 관원들은 상당수가 성균관은 국가의 원기元氣이므로, 가벼이 여기지 말고 너그럽게 대우해야 한다고 하였다. 국왕은 성균관의 책임자급 위치에 있는 관원이나 예조판서 등을 보내, 유생을 설득하여 성균관으로 들어가기를 설득했다. 이때도 마찬가지로 판서 민진후를 동지성균관사로 삼아유생들을 설득하였다. 그러자 유생들은 주장하기를 오늘의 변고에 대한 책임을 자신들에게 돌리는데, 정작 책임질 사람은 영의정으로, 스스로 잘못을 인정하라며 강경한 의사를 보였다. 이후에도 한두 차례 정도 설전이 오고 갔으며, 7월 4일 비로소 성균관 유생이 학교로 들어갔으나 그 수는 적었다고 한다. 이러한 모습에 대해 권상일은 "지금 성균관은 한바탕 전쟁을 치르는 싸움터이니, 매우 개탄스럽다"라고 평하기도 하였다.

성균관 관원으로서 가장 중요하게 해야 할 일은 성균관에서 진행되는 석전제釋奠祭의 거행이었다. 석전제는 문묘文廟에서 제향하는 공자孔子를 위시하여 중국과 우리의 유학자들에게 제사를 지내는 의식이다. 석전제는 매년 2월과 8월에 진행하는

데, 권상일은 8월 5일에 석전제의 집례로 차출되었다. 이때 석전제의 초헌관은 예조판서 민진후이고, 아헌관은 대사성 홍계적洪啓迪이며, 종헌관은 통례원상례相禮 권시경權始經이었다. 동무의 분헌관分獻官은 각각 한 사람씩이고, 서무西廡는 분헌관이 20인 차출되었다. 8월 6일 오후에 의례를 연습하였고, 8월 7일에 석전제를 거행하였다. 의관을 갖추고 제사 일을 맡은 유생들이 60-70인인데, 집례로 참석한 권상일은 그 모습을 "위의가 볼 만" 하다고 일기에 기록하였다. 대성전에서 종헌終獻을 할 때, 종향從享 및 동·서 양무兩廡의 헌관들이 예를 행하였다. 권상일이 집례로 참여한 이날의 석전제는 새벽이 될 무렵에야 끝났다.

석전제를 치르기에 앞서 7월 22일에는 인사가 있었다. 이 인사에서 권상일은 강진현감의 말망末望에 올랐다. 통상 삼망이라 하여 세 명의 후보자를 적어 국왕에게 보고하는데, 1순위를 수망首望, 2순위를 부망副望, 3순위를 말망이라고 하였다. 강진현감의 인사에는 수망인 병조좌랑 김성발金聲發이 낙점받았는데, 권상일은 강진현감을 고대하였다. "여러 달 동안 집을 떠나 벼슬살이하면서 단지 쇠잔한 고을 수령 자리라도 얻어 어버이의 봉양이나 잘하려 했으나 지금 또 나의 바람대로 되지 않았으니, 매우 한탄스럽다"고 하였다. 권상일이 이같이 지방의 수령직을 원하는 것을 이른바 걸군乞郡이라고 한다. 걸군이란 대개가 부모 봉양을 위해 지방의 수령으로 보내 줄 것을 청하는 것으로, 상당수의 관원이 이를 요청하였다. 걸군을 요청하는 관원들의 심경은 어떠했을까? 아래는 권상일보다 다소 늦은 시기이지만 걸군을 청한 채제공蔡齊恭의 사례이다.

신의 아비는 지금 일흔일곱이고, 어미는 여든입니다. 서산에 해가 지니 남은 빛이 많지 않습니다. 공자께서 말씀하시기를 "부모의 나이는 몰라서는 안 되니, 한편으로는 오래 사시어 기쁘기 때문이고 한편으로는 살날이 많지 않아 두렵기 때문이다"라고 하였습니다. 천고에 그 많은 자식들이 글을 읽다 이에 이르면 누군들 눈물을 훔치지 않았겠습니까. … 더욱이 신은 본래 게으르고 태만하여 한가한 때에도 생계를 도모하지 않아서 아침저녁으로 부엌은 비고 아궁이에 불은 자주 꺼졌습니다. 그러니 맛있는 음식과 약이藥餌로 봉양하는 것은 논할 필요도 없습니다. 그러나 신은 대궐에 직숙하느라 드나들면서 배불리 먹고 놀며 한갓 음식을 가져오게 하는 것으로 부모에게 근심만 끼쳤으니, 매번 이런 생각이 날 때마다 이마와 등에서 땀이 흘러내립니다. … 삼가 생각건대 세자 저하께서 대리하여 팔도를 두루 살피시니 모든 백성들이 삶을 이루었습니다. 신의 사정은 긍휼히 살펴 주시는 데 달려 있으니 삼가 바라건대 특별히 이조吏曹에 명하여 신에게 한 군郡을 맡기게 하여 남은 녹봉으로 작으나마 정성을 펴게 해 주시기 바랍니다. 후일의 보은은 마땅히 살아서는 목숨으로 할 것이고 죽어서는 결초로 할 것입니다.

— 채제공, 『번암집』권20, 「도승지시걸군서都承旨時乞郡書」

물론 권상일은 직접적으로 걸군을 청한 것은 아니지만, 그 의중을 살필 수는 있다.

이어 다음 날 인사가 있었는데, 권상일은 병조좌랑에 부망으로 올랐으나 낙점을 받지 못하였고, 7월 24일 병조좌랑에 말망으로 올랐으며, 예조정랑에 부망으로 올랐으나 모두 낙점을 받지는 못했다. 권상일은 성균관 직강의 신분으로서 다음 해인 1720년 1월 8일에는 대궐에 나아가 진하례陳賀禮에 참여하였다. 그리고 1720년 1월 21일에 있었던 정사에서 예조정랑의 수망에 올라 국왕의 낙점을 받았다.

정랑은 정5품에 해당되는 관직으로, 예조의 하급 관원이었다. 정랑 권상일의 업무를 이해하기 위해서는 예조가 담당한 업무를 살펴볼 필요가 있다. 조선시대 육조 가운데 하나인 예조는 다양한 업무를 수행하였는데, 이를 개괄적으로 정리하면 예악禮樂·제사·연향宴享·조빙朝聘·학교學校·과거科擧 등이었다. 예조의 속사屬司가 담당한 역할을 보면 좀 더 구체적인 업무를 살필 수가 있다. 속사 중 하나인 계제사稽制司는 의식 제도와 조회朝會·경연經筵·사관史官·학교·과거·인신印信·표전表箋·책명冊命·천문天文·누각漏刻·국기國忌·묘휘廟諱·상장喪葬·계후繼後 등의 일을 맡았다. 전향사典享司는 연향·제사·생두牲豆·음선飲膳·의약醫藥 등의 일을, 전객사典客司는 사신使臣과 왜인영접倭人迎接·외방조하外方朝貢·연설宴設·사여賜與 등의 일을 맡았다. 담당 업무로 보면, 예조는 6조 중 가장 다양한 업무를 수행하였다.

예조에서 과거를 관장하기 때문인지 권상일이 예조정랑에 낙점된 다음 날에 역관과 의관醫官 5-6명이 찾아왔다. 이들이 주변 사람들의 청탁 편지를 들고 찾아온 것이다. 그 결과를 알 수는 없다. 이어 권상일은 관례대로 예조판서 권상유와 참판에게 자지를 돌렸는데, 참판은 와병 중이어서 만나지 못하였다.

권상일은 이후 예조의 관원으로 본격적인 업무 수행에 나섰다. 먼저는 경녕전敬寧殿에 나아가 봉심하였다. 경녕전은 경덕궁(후일의 경희궁)에 있던 숙종의 계비 인현왕후仁顯王后의 신주神主를 모신 혼전魂殿이다. 혼전은 왕과 왕비의 신어神御가 삼년상이 끝날 때까지 봉안되어 국장의 전 과정이 이루어지는 장소로,

왕이 죽으면 삼년상이 끝난 후 그 신주가 종묘에 봉안되면 바로 철거되었지만, 왕비가 왕보다 먼저 사망하면 뒤에 죽은 왕과 함께 종묘에 봉안될 때야 철거하였다. 권상일의 경녕전 봉심에는 예조참의와 호조정랑, 선공감 감역 등이 참여하였다. 봉심 결과 전각은 기와를 갈고 회를 바르고, 여러 곳과 전각 안의 기물, 자리, 주렴, 천막, 제복 등 손을 봐야 할 곳이 있었고, 이에 대한 수리를 진행하였다. 수리를 마친 뒤에는 국법에 의거해 이전 물건들은 예조참의와 호조정랑과 함께 앉아서 불태웠다.

권상일은 또한 장생전長生殿을 수리하는 데도 참여하였다. 장생전은 국상國喪에 사용하는 관곽棺槨인 재궁梓宮을 살아 있을 때 미리 마련하여 보관하는 곳이다. 장생전은 임진왜란 때 소실되었는데, 1593년(선조 26) 국왕이 의주義州에서 도성에 돌아왔을 때 종묘에는 신위를 봉안할 곳이 없어서 급작스럽게 민간 가옥의 재목을 모아다가 전각 14칸을 지어서 임시로 신주를 봉안하였다. 그 뒤 1608년(광해군 즉위년)에 종묘를 건립하여 옮겨 봉안하였는데, 권상일이 장생전을 수리하던 당시는, 장생전에 재궁을 봉안한 뒤 100여 년이 흐른 상태였다. 그런데 창건할 당초에는 규모를 제대로 이루지 못하였고, 또 세월이 오래되어 단청이 벗겨지고 서까래와 벽이 썩고 허물어져서 여름철을 맞아 빗물이 새는 곳이 많았다.

이에 수리하자는 논의가 앞서 제기되기도 하여 목재와 기와 등 필요한 물자에 대한 계획이 수립되었다. 그런데 마침 종부시 宗簿寺에서 선원보략璿源譜略을 찬수하여 간행할 일이 있었는데, 장생전 전각 뒤 처마가 종부시와 가까워서 선원보략을 찬수하는데 방해가 되었기 때문에 부득이하게 우선 수리를 정지하였다. 그리고 권상일이 재직할 때 다시 논의가 제기되고 수리가 진행되었다. 전각 앞부분의 문미에는 옛날에 '내재궁봉안소內梓宮奉安所'라는 여섯 글자를 써서 걸고, 대문에는 '장생전長生殿'이라는 세 글자를 써서 걸었는데, 이번에는 전각 문미에 장생전이라 써서 걸고, 대문에는 동원문東園門이라 써서 걸었으며, 동쪽과 서쪽의 정고正庫와 서쪽 하고下庫에도 모두 현판을 걸었다.

권상일은 장생전 수리를 마친 뒤에는 승정원을 통해 초기를 올려 재궁을 도로 장생전으로 봉안하는 일을 마무리하였다. 또한, 재궁 10부部를 종친부宗親府에서 장생전으로 도로 봉안하였다. 이 중 1부는 오래되어 쇠못을 부착하였다. 재궁 1부는 효종조인 1651년에 조성되었고, 1부는 현종조인 1665년에 조성되었으며, 그 외 나머지 7부는 모두 1674년 이후에 조성되었다. 이어서 재궁을 포쇄曝晒하여 전각 안에 안치하고, 외재실外梓室도 서쪽 하고에서 서쪽 정고로 도로 봉안하였다. 또 내·외판을 토실土室에서 동쪽과 서쪽 정고에 도로 봉안하였다.

권상일이 예조정랑에 재직 중이던 6월 8일에 숙종이 사망하면서 국상을 치러야 했다. 숙종이 사망한 당일 권상일은 국장도감國葬都監 낭청으로 임명되었다. 권상일은 숙종에게 쓸 재궁을 살피기 위해 장생전으로 나아갔다. 이어 재궁을 결정하기 위해서는 삼망으로 보고하여 결정하도록 한 전례에 따라야 한다는 것을 판서 등에게 알리고 삼망으로 보고하였다. 이어 권상일은 국상을 위한 외재실을 점검하거나 재궁에 옻칠을 하는 것을 감독하기도 하였고, 재궁을 능에 안치하는 자리에 참여하여 살피는 등의 업무를 수행하였다.

　　권상일은 정랑에 재직하면서 승문원의 포폄에도 참석하였다. 승문원의 포폄은 의정부議政府에서 열렸다. 승문원의 도제조를 의정이 겸직하기 때문이었다. 승문원 포폄 시에는 이문학관을 비롯해 이습관肄習官도 참석하여 포폄을 진행하는 것이 관례였다. 그런데 권상일이 참석한 포폄 자리에는 이문학관은 참여하지 않고 이습관에 뽑힌 자들만 포폄을 진행하였다. 더구나 5-6년 동안 포폄이 열리지 않았는데, 이때 갑자기 포폄이 진행된 것에 대해 권상일은 일기에 "지금 갑자기 그 속셈이 교묘하고 음험함을 알겠다"고 기록하였다.

　　권상일은 그해 가을에 고향으로 낙향하였다. 이는 맡은 직무를 이미 마쳤기에 어버이를 만나러 가는, 즉 근친覲親을 위한 것이었다. 승정원에 휴가를 내는 글을 올리고 낙향하기 위해 길을 나섰다. 약 1달 정도가 지나서 다시 서울로 올라와 국왕에게 사은숙배하고 업무를 다시 시작하였다. 이어 채 두 달도 되지 않아 다시 고향으로 내려갔다. 권상일이 이 시기 고향에 다시 내려간 이유는 업무에 지쳤기 때문이기도 하지만 중앙의 정치권에서 진행되는 정쟁을 피하려는 의도도 있어 보인다.

이즈음 중앙 정치는 요동을 쳤는데, 권상일은 고향에 있으면서 이런 정국을 관찰하고 있었다. 1721년(경종 1) 8월 20일 정언正言 이정소李廷熽가 상소하여 저사儲嗣, 즉 왕세자를 세울 것을 요청하였다. 이를 계기로 영의정 김창집과 좌의정 이건명 등이 원임原任 대신과 육조六曹 판서 등을 모아 논의하여 왕세자를 세울 것을 건의하였다. 이어 경종의 윤허와 왕대비 인원왕후의 언문 교서가 내려졌다. 언문 교서에서 인원왕후는 효종의 혈맥과 선대왕의 골육은 당시 왕인 경종景宗과 연잉군延礽君뿐이라는 이른바 삼종혈맥三宗血脈을 내세워 연잉군의 세제 책봉을 정당화하였다. 이 과정에 대한 소론 측의 문제 제기 속에서 연잉군이 왕세제로 책봉되고, 이어 노론 측에서는 추가로 같은 해 10월 10일 조성복趙聖復이 상소하여 왕세제에게 서무를 대리하게 할 것을 요청하였다. 경종의 권한을 제한하려는 의도로, 이를 계기로 노론과 소론은 정면충돌하는 양상을 보였으며, 결과적으로 노론 세력이 정국에서 축출되고 소론 세력이 다시 정국을 주도하게 상황이 조성되었다. 이어 1722년(경종 2)에는 노론이 경종을 세자 시절부터 시해하려 했다는 목호룡睦虎龍의 고변이 있었고, 이 결과 상당수 노론이 화를 당하였다. 이 같은 일련의 사건을 신임옥사辛壬獄事라 부른다.

권상일은 신임옥사가 마무리된 1722년 12월 13일 부망으로 올라갔는데도 병조좌랑(정5품직)에 낙점되었다. 이때의 정사는 소론 세력 이조참의 이명언李明彦이 독정獨政으로 한 것으로, 당시 소론 세력 일부에서 남인 세력을 포섭하려는 움직임의 연장선상에서 추진된 것으로 보인다. 즉 소론 세력 내 급소急少 계열인 김일경이 심단沈檀을 중심으로 한 남인 세력을 등용하려는 움직임이 있었다. 그런데 이를 둘러싸고 또다시 대립이 발생했다. 급소 계열의 남인 진용에 대해 완소緩少 계열에서는 부정적이었다. 아마도 이 시기 이명언이 독정으로 권상일을 병조좌랑으로 뽑은 것은 남인 세력과 연대를 시도하는 선상에서 이해할 수 있겠다. 병조좌랑으로 낙점되었던 권상일은 며칠 뒤에 체차遞差되었다. 당시 마침 칙사勅使가 나오게 되어 있어 이에 대한 준비를 해야 했는데, 권상일은 상경하지 않고 계속 상주에 머물렀기 때문이었다.

이후에 권상일에게 다시 관직이 내려진 것은 영조가 즉위한 뒤인 1726년 10월의 일이었다. 관직에 다시 나아가기 전까지 권상일은 고향인 상주에서 머물면서 도남서원 원장院長에 취임하였고, 향회鄕會 등 향촌사회의 여러 가지 사안을 주도하였다. 1723년 7월 1일에 도남서원으로부터 원장 후보자를 적은 천망지薦望紙가 왔는데, 권상일이 수망에 올랐다. 권상일은 사임단자辭任單子를 써서 도남서원에 보냈으나, 받아들여지지 않고 결국 취임할 수밖에 없었다. 7월 26일 도남서원에 나아가 원장직을 수행하기 시작하였다. 권상일이 도남서원 원장직에 나아간 것은 서원을 중심으로 한 영남유림의 정치사회적 활동에 권상일의 역할이 매우 컸다고 볼 수 있다. 향회에 나아가서는 동네에서 일어난 분쟁을 처리하기도 하였다.

4

언관言官과 수령守令의
위치에서

권상일은 1726년(영조 2) 10월 48세로 병조정랑에 제수되었다. 그러나 이때도 관직에 나아가지 않았다. 결국 국왕의 친림진하親臨陳賀가 있어서 시위 등을 갖추어야 하지만 지방에 있어 참여할 수 없기에 개차改差해야 한다는 요구가 받아들여졌다. 이어 권상일은 1727년 3월 27일 정4품직인 성균관 사예司藝에 제수되었다가, 같은 해 7월 5일 만경현령萬頃縣令에 임명되어 처음으로 외직을 맡았다. 외직을 받은 권상일은 앞서 걸군한 예도 있지만 "만경현은 생선과 새우가 많이 난다고 한다. 가친을 봉양하기에 충분하여 이는 기뻐할 만하다"고 하며 만족을 표시하였다. 당시는 마침 이른바 정미환국丁未換局이 있었다. 정미환국이란 1727년 영조 즉위 후 위축되었던 소론 세력이 다시 정치의 주도권을 잡게 된 사건을 말한다. 한편 정미환국 이후 소론 세력 내부에서 분화된 완소 계열인 조문명과 송인명宋寅明, 조현명趙顯命 등이 탕평파로 변신하면서 왕의 탕평책에 협조하였다. 이때 영남의 소론으로서 유배된 사람은 모두 특지特旨가 내려져 석방되었다.

만경현령에 제수된 권상일은 1727년 7월 23일 집에 있는 사당에 나아가 사은숙배의 길에 나선다고 고유하였다. 이어 서울에 올라가서는 국왕과 함께 숙종의 계비인 인원왕후, 경종의 계비인 선의왕후, 중궁전인 정성왕후에게 사배를 올리고, 동궁에게는 재배再拜를 하여 감사의 뜻을 전했다. 권상일은 만경현령에 부임해서는 백성들을 구제하는 데 주력하였고, 생도들의 교육에도 주력하였다. 한편 권상일이 만경현령에 재임하던 1728년(영조 4)에는 무신란戊申亂이 발생하였다. 무신란은 청주 지역에서 이인좌李麟佐를 중심으로 기병하였고, 동시에 경상도와 전라도에서 여기에 동조하는 세력이 함께 일어났다. 특히 권상일이 재임하던 전라도에서는 태인의 박필현朴弼顯과 담양의 심유현沈維賢 등이 반란을 주도하였는데, 여기에 변산적邊山賊도 가담한다는 소문이 돌았다. 변란이 일어나자 권상일에게 가친을 모시고 피난을 가기를 권하는 사람이 있었으나, 권상일은 동요하지 않고 오히려 대비책을 마련하였다. 권상일은 감영에 비밀 서찰을 보내 반란 세력의 동향을 파악하는 한편 도사都事나 판관判官과 협의를 통해 반란 세력을 막기 위해 성곽을 수리하고, 성문을 닫아 반란 세력의 진출을 차단하려고 하였다. 또한 지역 내에서 장정을 모아 군사 훈련을 시키는 등 대비책을 마련하였다. 후일 만경현 사람들은 무신란 때 피난도 가지 않고 자신들을 보호해 준 권상일을 잊지 않고 동銅으로 만든 비석을 세워 칭송하였다.

권상일은 1729년(영조 5) 3월 부친상을 당해, 삼년상을 마치는 기간까지 관직에 나아가지 않았다. 1731년(영조 7) 4월에 권상일은 외직인 영암군수靈巖郡守에 임명되었으나, 부친의 담제禫祭로 인해 관직에 나아가지 못하였다. 권상일은 5월에 탈상한 뒤에 8월에는 사헌부의 정4품직인 장령에 임명되었다. 권상일은 사직상소를 올렸으나 받아들여지지 않았다. 중앙에서는 속히 올라오라는 유지有旨를 내리기도 하였으나 권상일은 사직소를 재차 제출하였다. 그러나 이때도 사직 요구는 받아들여지지 않고 국왕은 '소를 살펴보고 다 알았다. 권면하고 경계하라는 말들은 모두 아주 절실하니, 깊이 가납嘉納하여 유의하지 않을 수 있겠는가? 너는 사양하지 말고 속히 올라와서 직무를 살필 것'이라는 내용으로 다시 유지를 내려보냈다. 결국 권상일은 1731년 12월 중순에 서울로 올라갔다.

권상일은 서울에 올라가서는 사헌부 서리를 통해 사직서를 써서 들여보냈다. 그런데 승정원에서는 사직서를 접수하지 않았다. 사직서를 제출한 권상일의 마음 속에는 "도성에 들어온 뒤 곧바로 사은숙배하려고 하였으니, 여러 달을 지체하며 오지 않은 데다 소에 대한 비답이 더욱 상례常例가 아니어서 분수와 의리에 있어 매우 황송하다"는 생각이 있었다. 결국 권상일은 12월 16일 궁궐 내에 있는 사헌부의 청사인 대청臺廳에 나갔다가 국왕이나 중궁전 등에 사은숙배하였다.

권상일은 사은숙배 이후에 국왕의 명령에 따라 차대次對에 참여해야만 했다. 차대는 조선 후기 비변사의 관원이 정해진 일자에 입시하여 국왕과 국정을 논의하던 조회의 하나이다. 1698년(숙종 24) 이후 차대는 매월 5일·10일·15일·20일·25일·30일로 날짜를 정하고 이 중 세 차례는 전직 대신도 들어오게 하였다. 다만 날짜는 하루 이틀 지연되는 경우도 있었다. 차대가 이 시기 국정 운영의 한 방식이기에, 잠시 권상일이 참여했던 12월 16일 차대의 운영 모습을 살펴보는 것도 의미가 있다.

권상일은 차대 당일 오후 대궐문 밖에 도착하였다. 이때 참석 인원을 보면, 승지承旨와 이조의 관원 및 예조판서 신사철申思喆, 호조판서 김동필金東弼, 참찬 김재로金在魯, 병조판서 김취로金取魯, 진휼청 당상 송인명 등과 함께 홍문관에서는 이종성李宗城

이, 사간원에서는 송징계宋徵啓가 참석하였고, 사헌부에서는 권상일이 참석하였다. 당시 참석했던 삼사三司(홍문관, 사간원, 사헌부)의 좌석 차례는 홍문관·사헌부·사간원이 한 줄로 자리하였다. 얼마 지난 뒤에 영의정 홍치중洪致中이 자리하였는데, 삼사 관원은 한꺼번에 앞으로 나아가 단배單拜를 한 뒤에 자리로 돌아왔다. 국왕은 당시 상중 기간이어서 그런지 왕대비王大妃의 혼전魂殿 옆에 있는 전각인 명민당明敏堂에 거둥하였다.

미시未時(오후 1시-3시)가 지나 입시하라는 명이 내려와서 권상일은 제신諸臣들과 함께 차례로 추창趨蹌하여 들어가 앞 기둥 옆에서 곡배曲拜를 하였다. 추창이란 예절에 맞게 허리를 굽히고 빨리 걸어가는 모양새를 표현한 것이다. 명민당의 공간이 좁아서 한 사람이 절을 하고 나오면 또 한 사람이 들어가서 예를 표하였다. 모든 아뢸 일은 영의정이 다 아뢰고 여러 대신은 간혹 아뢰었는데, 끝없이 이어진 말들은 모두 구휼 정책을 논한 것이었다.

모든 신하들이 국왕에게 말을 올린 뒤에 국왕이 "신임 장령은 앞으로 나오라"라며 권상일을 불러 세웠다. 그러자 권상일은 곧바로 앞에 나아가 엎드렸다. 국왕이 "장령은 시골에서 갓 올라왔는데, 향리의 흉년은 어떠한가?"라고 말하자, 권상일은 "시골의 흉년은 으레 을해년(1695)·병자년(1696) 및 을사년(1725)

을 꼽고 있는데, 농민들의 공론은 을해년이나 병자년에는 미치지 못하나 을사년보다는 심하다고 하옵니다"라고 대답하였다. 본인이 목격한 내용을 진달한 것이었다. 국왕이 다시 앞서 올린 사직상소 때 같이 올린 내용을 보고는, "지난날 상소한 말은 아주 절실하여 내가 매우 가상히 여기노라"라고 하자, 권상일은 "신은 초야의 보잘것없는 자이고 또한 심히 고루하여 한마디의 말도 천은天恩에 답할 수 없사오나, 성교聖敎가 이에 이르니 황송하여 몸 둘 곳이 없사옵니다"라고 대답하였다.

국왕이 계속해서 "가세家世(집안의 계통)는 어떠한가?"라 물었다. 그러자 권상일은 "신의 5대조와 6대조는 모두 선정신先正臣 문순공文純公 이황에게 수업하였으며, 그 후에는 대를 이어 유학을 업으로 삼아 소과를 한 이가 있사옵니다"라고 대답하였다. 주상께서 "이름자는 어떻게 되는가?"라고 묻기에, "신의 5대조의 이름자는 권우이옵니다"라고 답하였다. 계속해서 국왕이 "어떤 벼슬을 하였는가?"라고 하기에, "선묘조宣廟朝에 왕자사부王子師傅를 지냈으나 일찍 돌아가셨사옵니다"라고 하였다. 여기에 김재로가 거들어 "권우는 이름난 사람이옵니다" 하였다. 이렇게 차대가 순례循例에 따라 진행되었다.

권상일은 사헌부 장령으로 재직하면서 차대에 참석하는 한편, 언관으로서 역할을 수행하였다. 일전에 대신臺臣이 어인御印

(국새國璽)을 위조한 죄인 김산金山의 일로 탑전榻前에서 발계發啓하여 감사減死하지 말 것을 청하였다. 그러나 단지 말로만 진달하였을 뿐 계초啓草를 남겨 두지 않은 일과 서리도 바쁘고 급하여 이러한 사정을 고하지 않아서 계문啓聞을 빠뜨린 실수를 면치 못하였다. 그는 대간의 체모에 흠결을 남긴 일 때문에 내일쯤 피혐避嫌하려고 하였다. 권상일은 다음 날 대청에 나아가서 피혐계사避嫌啓辭를 올렸는데, 국왕이 비답을 내려 "처음의 실수는 이상할 것이 없다. 다시 생각해 보아도 역시 그렇다. 물러나 물론物論을 기다리지 말라"라고 하였다. 피혐계사는 혐의를 피하며 국왕에게 제출한 계사를 말하는데, 대간의 정치 관행 중하나였다. 대간 내 의사결정은 만장일치제인데, 만약 대간 내에서 의견이 갈리어 대간 사이에 갈등이 표출되면 대간이 서로 사직을 청하면서 피혐계사를 제출한다. 피혐계사가 제출되면 통상은 국왕이 "물러나 물론을 기다리라(退待物論)"라는 내용으로 비답을 내리고, 여기에 사간원이나 홍문관 관원이 처치處置라는 조치를 통해 판정하였다. 그런데 이때 권상일의 피혐계사에 대해서 국왕은 처치를 기다리지 않고 사직하지 말라는 처분을 내렸던 것이다.

권상일은 또한 제향에 차출되어 일을 맡기도 하였다. 같은 해 12월에 있었던, 혼전인 경휘전敬徽殿 납향대제臘享大祭 친제親

祭 때의 축사祝史로 차출되어서 새벽에 궐내로 나아가 홍화문弘化門 안 사헌부의 옛 직방直房에서 재계한 뒤 삼경 일점三更─點 후에 잠자리에서 일어나 제복을 갖추고 반열班列에 나아가 참석하였다. 사경 일점四更─點 후에 행사가 시작되자 권상일은 준소樽所(술통이 놓인 곳) 옆으로 나아가 섰고, 뚜껑을 열어 술을 따른 후에 국자를 상 위에 두었다. 잔을 받들 때 잘못하여 옷소매가 닿는 바람에 땅에 떨어져 소리가 났다. 승지가 추고할 것을 청하였으나, 국왕은 추고하지 말라고 하였다. 권상일은 예를 마친 뒤에 물러나서 나왔다.

권상일은 1731년 12월 해가 넘어가기 전부터 사직소를 올렸는데, 이 상소에서는 사직을 청하면서 인의예지仁義禮智를 말하며, 국왕에게 기질氣質을 변화시켜 관용과 위엄을 중도中道에 맞게 하는 방도를 논하였다. 이 사직소와 함께 모두 세 차례의 상소를 올린 끝에 체차한다는 비답을 받았다. 앞서 전년도 8월 장령에 제수된 지 약 4개월이 조금 더 지난 시점에서 체차된 것이다. 일자로는 관직에 제수된 지 127일 만이고, 그가 사은숙배한 날로부터 약 24일 정도가 경과한 것이다. 조선시대 장령을 포함한 대간의 재직 일수는 생각보다 길지 않았다. 무신란 전후인 1728년(영조 4) 5월부터 기유처분己酉處分이 발표되는 1729년(영조 5) 9월 전후까지 약 17개월 532일 동안 양사兩司 관원의 동향을 살

		사간원				사헌부			
		대사간	사간	헌납	정언(2)	대사헌	집의	장령(2)	지평(2)
인원	재직 인원	21명	20명	21명	39명 (19.5명)	12명	13명	30명 (15명)	50명 (20명)
	월평균 재직 인원	0.80명	0.85명	0.80명	0.87명 (0.43명)	1.41명	1.30	0.56명 (0.28명)	0.34명 (0.17명)
일수	실제 재직 일수 (전체일수-공석일수)	523일	531일	512일	1,008일 (504일)	505일	520일	996일 (498일)	985일 (492.5일)
	1인당 평균 일수 (실제 재직 일수/재직 인원)	24.90일	26.55일	24.38일	25.84일 (12.92일)	42.08일	40.00일	33.20일 (16.6일)	19.70일 (9.85일)

표 3　영조 대(1728.5.-1729.9.) 양사의 인사 상황

* ( )는 1개 직과職窠로 계산한 것임.

퍼보면【표 3】과 같다.

　　17개월 동안 사간원의 경우 대사간 총 21명, 사간 20명, 헌납 21명, 정언 39명이 재직하였는데 이를 월평균 실제 재직 인원으로 산정해 보면 각각 0.80명, 0.85명, 0.80명, 0.87명(0.43명) 수준을 보인다. 정언正言은 2개의 벼슬자리로, 1개의 벼슬자리만을 대상으로 한다면 0.43명이 재직하였다. 사간원 소속 관원 가운데 정언의 경우 가장 빈번한 교체를 보인다. 사헌부의 경우는 대사헌 총 12명, 집의 13명, 장령 30명, 지평 50명이 재직하였고, 월평균 실제 재직 인원은 1.41명, 1.30명, 0.56명(0.28명), 0.34명(0.17명) 등의 수치를 보인다. 장령과 지평의 경우 2개의

직과로, 사간원의 예에서 보듯이 장령과 지평이 언론 활동의 전면에서 활동한 결과였다.

실제 재직 일수와 관련해서도 사간원의 경우 전체 일수에서 공석 일수를 제외한 실제 재직 일수는 523일, 531일, 512일, 1,008일(504일)이며, 사헌부의 경우는 505일, 520일, 996일(498일), 985일(492.5일)로 나타났다. 1인당 월평균 재직 일수는 사간원의 경우 24.90일, 26.55일, 24.38일, 25.84일로(12.92일), 사헌부의 경우 42.08일, 40.00일, 33.20일(16.6일), 19.70일(9.85일) 수준을 보이고 있다. 위의 월평균 재직 인원의 통계는 그대로 월평균 재직일수에 반영되어 나타났다. 그리하여 사간원 정언의 경우 1개직과에 12.92일, 사헌부 장령의 경우 1개 직과에 16.6일, 지평은 9.85일을 보였다. 지평은 미처 10일도 안 되는 재직 일수를 보였다. 이렇게 보면 권상일의 경우, 사은숙배한 이후 24일을 관직에 있었으니 오히려 상대적으로 긴 시간을 근무한 것이었다.

장령에서 체차된 권상일에게 종4품의 부호군 관직이 내려졌다. 이는 군직軍職의 하나로, 실직이 없는 권상일에게 녹봉을 지급하기 위한 것이었다. 그 후 약 1달여가 지난 2월 10일에 다시 사헌부 장령에 제수되었다. 권상일은 제수된 지 약 10여 일정도가 지난 2월 19일 교지敎旨와 함께 유지를 받으면서 장령에제수되었다는 사실을 알았다. 권상일은 국왕이 발급해 준 교지를 앞에 두고 사배를 한 뒤 무릎 꿇고 그것을 읽고 나서 다시 사배를 하였다. 권상일은 교지를 받기는 하였으나 관직에 나아가지 않고 계속 사직상소를 올렸고, 4월 20일 사간司諫 한덕후韓德厚의 요청에 따라 체차되었다.

관직에서 물러난 권상일은 고향에서 집안일을 챙기거나 향촌 사회의 일을 주선하면서 시간을 보냈다. 그러고는 1733년 1월 17일 양산군수梁山郡守에 제수되었으나, 2일 뒤에는 응교 이흡李潝이 양산군수로, 권상일을 다시 경직에 제수하라는 명령이 내려졌다. 이어 1월 20일 군자감정軍資監正에 제수되었으나 상경하지 않아 3월 4일에 개차되었다. 권상일은 같은 해 10월 사헌부 장령에 다시 제수되었다. 이때의 장령 제수는 이조참의 이종성李宗城이 출사하여 처음으로 한 정사였다. 다시 장령에 제수된 권상일은 생각이 많았다. 결국 사직소를 올렸으며, 10월 11일 관직이 갈렸다.

사직을 한 권상일은 안동 일대에서 의미 있는 일정을 보냈다. 학파의 종사宗師인 퇴계 이황이나 서애西厓 류성룡 등을 만나는 시간을 보낸 것이다. 예천-풍산-예안을 지나는 일정이었다. 10월 1일 예천에 도착해서는 삼강서원 인근에 있던 흥국사를 떠올리며 포은 정몽주鄭夢周를 회상하였고, 퇴계의 외가인 상대죽촌上大竹村의 박씨가에서 책을 읽는 모습을 떠올렸으며, 근처에서 살면서 왕래했던 서애 류성룡을 생각하였다.

10월 2일에는 서애가 거주하던 풍산의 옥연정에 도착하였다. 권상일은 일기에서 옥연정에 대해 자세하게 묘사하였다. 이에 따르면, 옥연정은 모두 10여 칸으로, 서쪽은 옥연고정玉淵古亭인데, 집은 모두 세 칸이고 좌우의 방은 각각 네 칸이었다. 이를 일러 '양방凉房(서늘한 방)' '욱실燠室(따뜻한 집)'이라 하며, 곧 서애 선생이 살던 곳이다. 동쪽 네 칸은 곧 중의 요사寮舍이다. '옥연정玉淵亭'이란 커다란 세 글자는 한석봉韓石峯의 글씨이다. 서편에 작은 문이 있고, 문미門楣에는 서애가 손수 쓴 시 한 수가 걸려 있는데, 이를 그대로 옮겨 놓으며 감상을 전한다.

봄 맞은 강가에 가랑비 내리고	細雨春江上
희뿌연 앞산 경치는 저물어 가네	前山淡將夕
마음속 그리던 사람은 보이지 않고	不見意中人
매화꽃만 저대로 피었다 지네	梅花自開落

이어 옥연정에서 몇 보쯤 떨어진 곳인 쌍송대雙松臺를 들러보니 서애가 손수 심은 지황地黃이 있고, 대 아래에는 능파석凌波石이 있었다. 능파석에서는 서애와 함께 이원익李元翼, 정탁鄭琢이 함께 모인 모습을 회고하였다. 이어 추월담秋月潭, 달관대達

觀臺를 지나 하회마을에 들어가서는 서애가 거주하던 집이나 서애가 왕래했던 상봉대翔鳳臺 등에 잠시 머물기도 하였다.

권상일은 10월 4일에 서애 류성룡을 제향하는 대표적인 서원인 병산서원屏山書院을 찾아 참배하였다. 이어 경광서원鏡光書院을 거쳐 분애粉涯에 있는 이현보李賢輔가 지은 애일당愛日堂에 올라 자취를 감상하였고, 도산서원에 도착해서는 재임 5-6명과 인사를 나눴다. 도산서원을 찾은 권상일은 전장傳掌(인계)을 받은 뒤에 이어서 개좌(모여서 사무를 봄)하고, 공사원公事員을 선출하였으며, 언행록言行錄의 범례를 개정하는 일과 안동 향교와 서원에 통문을 내는 일, 그리고 구판舊板을 본 서원으로 실어 보내 줄 것을 청하는 일 등을 처리하였다. 특히 퇴계의 언행록은 화산본花山本이 상당 부분 선생의 수본手本 및 차기箚記, 제현들의 수록手錄과 서로 어긋나기 때문에 개간改刊하지 않을 수 없었다. 이에 두 본을 병행하기는 어려울 것 같았기 때문에 이에 구판을 실어 보내면 마땅히 장판각藏板閣에 보관하고, 인쇄하여 배포하지 말도록 통고하였는데, 회원 중에서 주장이 강한 회원은 마음속으로 심히 불쾌하게 여겼다.

이어 역동서원易東書院에 이르렀다. 서원의 모든 편액은 이황이 정한 것이고, 또 이황이 쓴 것이어서 감상하는 감흥이 다른 서원에 비길 바가 아니라고 하였다. 서원 안에는 간직하고 있는 책이 많아서 볼 만하였다. 이어 퇴계 하촌과 퇴계 상촌 등을 돌았고, 온혜촌에 가서는 진사 이재창李再昌을 만났으며, 그 길로 상사 이현룡李見龍과 함께 청계淸溪로 와서 머물러 잤다. 아침에 사당에 알현하였다. 이황이 태어난 고택故宅은 상촌上村에 있는데, 뜰에는 노송老松이 뜰 안 가득히 서려 있어서 이전부터 노송정老松亭이라 불렸다. 권상일은 일기에 종손宗孫이 영락하여 한탄스럽다고 기록하였다. 도산陶山으로 돌아와 천연대天淵臺에 올라가서 한참 동안 감상하며 구경하였고, 밤에 고시 여러 편을 읊었다. 권상일은 며칠을 도산에 머물다가 후조당後彫堂에 들어

그림 5 진성 이씨 노송정종택, http://www.ugyo.net

88

가 소장된 가첩을 보고, 오계서원迂溪書院에 들러 사당에 참배하였다. 이때의 여행은 권상일의 입장에서 안동 지역에 자신의 존재감을 드러내는 과정이었으며, 나아가 학문적 선사先師를 기억하고 회고하는 과정이었다.

이어 권상일은 1734년(영조 10) 7월 또 장령에 제수되자, 다시 사직소를 제출했으나 받아들여지지는 않았다. 결국 권상일은 8월 말경 관직에 나아갔다. 그리고 입시한 자리에서는 국왕에게서 권상일은 "문학하는 선비(文學之士)"라며 높은 평가를 받았고, 승지 황정黃晸은 "영남 사람이 추중推重한다"는 말을 전하였다. 장령에 재직하던 권상일은 9월 15일 장릉章陵 행행에 동참하였다. 행행 당일 국왕과 수행하는 관원은 새벽 1시-3시 사이에 궁궐 문이 열렸고, 새벽 4시경에 국왕과 일행이 궁궐을 나섰다. 동반과 서반西班이 두 줄로 나뉘어 국왕을 모시고 따랐다. 남대문을 거쳐 노량진鷺梁津 나루터에 이르러 국왕은 막차幕次로 들어갔다. 한참 후에 국왕이 용주龍舟(임금이 타는 배)에 오르고 군악이 크게 울려 퍼졌으며, 백관들이 앞다투어 배를 타고 건넜는데, 아주 어수선하고 소란스러웠다. 몇 리를 가자 날이 밝아져서 횃불을 껐다. 고산孤山 소주정소小晝停所에 이르러 국왕이 막차로 들어가고, 백관들은 모두 임시 막사로 나아가 다담茶啖을 먹었다. 이윽고 대가가 떠나 도중에 혹 연輦을 타기도 하고 혹

말을 타기도 하였는데, 번갈아 타는 것이 아주 잦았다. 대주정소大晝停所인 양천陽川 부석리浮石里에 이르러 국왕이 막차로 들어가 수라를 드시고, 백관들은 점심밥을 먹었다.

장릉에 도착하여 국왕은 재실齋室에 들어가고, 백관들은 의막에 들어가 다담을 먹은 뒤에 능 아래 외반열外班列로 갔다. 얼마 있다가 국왕이 연을 타고 능 아래에 이른 뒤 걸어서 정자각으로 나아가니, 백관들도 따라서 배제陪祭하는 반열로 나아갔다. 전후로 여덟 번 절을 하였다. 제사를 마치고 백관들이 먼저 나와 동구 밖 좌반열坐班列로 왔다. 이윽고 국왕이 연을 타고 나왔는데, 뭇 악공들이 앞에서 인도하였다. 국왕이 승지에게 명하여 일반 백성들에게 유시하게 하였다. 이 광경을 보러 나온 자들이 노량진에서 능소陵所에 이르기까지 산을 가득 메우고 들판을 덮을 지경이었다. 연안延安·배천白川·강화江華·교동喬洞 사람들이 모두 왔다고 한다. 날이 저물 때 김포현金浦縣에 당도하여 국왕은 객사客舍에 머물고, 백관들은 모두 거처로 갔다. 권상일은 집의와 같이 잤다. 통진도호부사通津都護府使가 단자를 써 보내며, 생선과 술을 보내왔다.

다음 날 날이 밝기 전에 대가가 길을 나서자 권상일도 전과 같이 모시고 따랐다. 향교 앞에 이르러 국왕이 연에서 내려 소주정소로 가서 막차에 머물렀다. 노량진에 이르러 국왕이 용주에 오르자 군악을 크게 연주하였는데, 백관 중에서 양사와 홍문관이 모시고 건넜다. 국왕이 장단將壇에 거둥하여 습진習陣(사열)하였는데, 양사·옥당玉堂 및 종반宗班의 반수班首(원로)를 진중으로 들어올 것을 명하였다. 습진을 끝낸 뒤에 공과 죄를 평가하여 용호대장龍虎大將은 잡아들여 출송出送하라고 분부하고, 금군장禁軍將 이우李玗에게는 곤장을 다섯 대 쳤으며, 병조좌랑 홍상조洪相朝는 금훤낭청禁喧郎廳이었는데 역시 곤장을 세 대 쳤다. 권상일은 이 광경을 보고 놀랍고 두려웠다고 한다. 대가가 길을 나서니, 날은 이미 저물어 가고 있었다.

권상일의 장령으로서의 생활은 오래가지 못하고 9월 23일에 체차되었다. 권상일은 사헌부 장령으로 있으면서 백성들의 조세 부담을 덜어 주기를 청하고, 아울러 관리들의 부정부패를 근절시킬 것을 건의하는 상소를 올린 바 있다. 1735년(영조 11) 3월 울산부사에 제수되었고, 4월 19일에 국왕에게 하직 인사를 올리고 부임하였다. 이때 권상일의 나이가 이미 57세였다.

울산부사로 부임한 권상일은 지방관으로서 바쁜 일상을 보냈다. 울산은 종3품의 도호부사가 수령으로 지방 행정을 맡아 수행하던 곳이었다. 조선시대 도호부사를 포함한 수령의 주된 역할에 대해서는 『경국대전』에 수령칠사守令七事라는 이름으로 규정되었다. 수령칠사는 농상을 성하게 하고(農桑盛), 호구를 늘리고(戶口增), 학교를 일으키고(學校興), 군정을 닦고(軍政修), 역의 부과를 균등하게 하고(賦役均), 소송을 간명하게 하고(詞訟簡), 교활하고 간사한 버릇을 그치게 한다(奸猾息)는 것 등이다. 수령으로 부임하며 국왕에게 사은숙배하는 자리에서, 국왕은 수령으로 나가는 관원들에게 수령칠사를 묻고 착실히 수행해 주기를 당부하였다.

울산부사 권상일의 업무 수행도 여기서 크게 벗어나지 않았다. 권상일은 1736년(영조 12) 1월 1일 날씨를 보고 맑고 온화하며 바람이 없으니 국가가 편안하고 조용하며, 농사가 잘될 것으로 점칠 수 있어 기쁘고도 다행스럽다고 일기에 기록하였다. 이런 차원에서 권상일은 일기에 월별로 절기를 기록하였다. 2월의 청명이나 3월의 곡우, 입하 등을 기록하였다. 이는 다른 시기의 일기와는 다른 기록 내용이다. 이는 농상을 성하게 할 책임을 맡은 수령으로서의 자세를 엿볼 수 있는 대목이다. 같은 해 5월 2일에는 날씨가 갰다는 정보와 함께 수원水源이 없는 곳을 제외하고는 모내기를 하기가 가능하다고 하면서 대풍의 징조라고 하였으며, 도처에서 모내기가 진행되는 사실을 일기에 기록하였다. 6월 18일에는 오후에 소나기가 내리자 가뭄을 극복함에 있어 다행이라고 하였다. 5월 25일에는 묵은 밭을 복원하기 위한 조사를 하러 나갔고, 8월 12일에는 소토곡蘇土谷에 있는 관죽전官竹田 및 풍해를 당한 논을 조사하기 위해 나갔다.

수령은 농상을 성하게 하고자 하는 노력과 함께 부역을 균등하게 하기 위한 전세의 비율을 결정하고자 재해를 당한 땅을 파악하러 들판에 나아가 조사하거나, 예하 각 면面에서 재해 상황을 정리한 성책成冊을 받아 살피기도 하였다. 1736년 9월 18일에는 재해 성책을 접수했는데, 웅촌熊村·온양溫陽만이 땅이 넓어서 미처 오지 않았다. 이에 체문帖文을 각 면에 내려서 누락된 것을 추가로 성책하여 오도록 하였다. 체문이란 상관이 아랫사람에게 전달하는 문서 형식의 하나이다.

부역 균등의 차원에서 창고곡倉庫穀의 현황 조사를 위한 번고反庫를 시행하였다. 1736년 1월 12일에는 날이 밝자 서창西倉에 가서 번고를 하였는데, 쌀은 515석石, 콩은 54석, 벼는 고마雇馬(말을 세놓아 받은 벼)와 제번除番(번을 면제시켜 주고받은 벼)을 아울러 807석 현황을 확인하였고, 1월 13일에 행한 남창南倉 번고에서 쌀은 300석, 콩은 134석, 벼는 978석을 보유하고 있음을 확인하였다. 울산부사는 인근의 다른 지역 수령을 겸하기도 하였는데, 인근의 언양현의 경우 수령이 결원이 생기면 울산부사가 겸임하는 것이 관행이었다. 권상일은 언양현감을 겸임하는 언양에서도 번고를 행하였다.

관내 유생에 대한 교육에도 치중하였다. 먼저 권상일은 관

그림 6 〈해동지도〉,
18세기 작, 서울대학교 규장
각한국학연구원 소장

울산부의 서창과 남창

내 구강서원鷗江書院에 기숙사인 동재東齋가 없는 것을 보고 안타
까워하여 자신의 녹봉을 덜어 내어 동재를 지어 주고 때때로 학
생들과 강학하기도 하였다. 구강서원은 1659년(효종 10) 창건 발
의 이후 몇 차례 시도 끝에 1678년(숙종 4)에 건립되었고, 1694년
(숙종 20)에 사액서원이 되었다. 구강서원은 포은 정몽주와 회재
晦齋 이언적을 제향하였다. 권상일은 부임 이후 향중부노鄕中父
老의 몇 차례 요구를 받아들여 이광희李光熹, 배도승裵道升 등에게

일을 맡겨 마침내 서원에 각 4칸의 동·서재를 짓고, 동재는 상지尚志, 헌軒은 인지仁智라 하고, 서재는 경신敬身, 헌은 광제光霽, 문은 유의由義라 이름하였다. 또 강당講堂과 사당 등에도 이름이 없어 각각 이름을 짓고 현판을 걸었다. 권상일은 또한 관내 지역에 『퇴계집』이 없는 것을 알고는 『퇴계집』에 자신의 발문을 붙여 구강서원에 비치해 두고 학생들에게 읽기를 권장하였다.

권상일은 부임 이후 울산부 내 유생들에 대한 교육에도 주력하였다. 1736년 4월 4일 각 면의 훈장 및 도훈장都訓長, 거재 유생 및 각 면의 강생講生이 모두 모여서 객사의 동대청東大廳에 앉아서 상읍례相揖禮를 받았다. 이를 마치고 다시 들어가 강講을 하여 밤이 되어서야 마쳤다. 모인 인원은 70여 인이다. 각 면마다 성적이 우수한 자를 가려 종이와 먹을 상으로 주었으며, 시와 부도 약간 거두었는데, 성적이 우수한 한 사람을 가려서 마찬가지로 종이와 먹을 주었다. 도훈도都訓導는 박망구朴望久·이원담李元聃이고, 부내府內의 훈장은 배도겸裵道謙, 농소農沼 김성대金聲大, 대현大峴 황양겸黃良兼이며, 훈장은 이광희, 범서凡西 서익승徐益升, 웅촌 김유金濡이다. 학교 진흥을 위한 차원에서, 각 면에서 작성한 순제巡製의 답안지 채점을 진행한 바 있다. 6월 3일 각 면의 순제 답안지가 다 와서 도훈장 및 훈장에게 모여서 채점할 것을 청하였고, 이에 호응하여 향교 도유사都有司·대현 훈장·농소 훈장이 왔다. 그리고 이들을 중심으로 채점을 마치고 성적을 발표하였다. 이때 순제에서 장원 중 시의 장원은 장시중蔣時中, 부부賦의 장원은 이의현李宜鉉, 고풍古風의 장원은 김덕윤金德允으로, 장원에게는 각각 종이 한 묶음을 상으로 주어 학문을 권장하였다. 또한 활쏘기 시험을 열기도 하였다. 6월 1일에는 태화루太和樓에 나가 앉아 활쏘기 시험을 보았는데, 이때 입격한 사람은 20여 인으로, 모두 유엽전柳葉箭 및 육량시六兩矢로 재주를 시험하였다. 장원인 박태초朴太初·이광유李光裕에게 화살대 및 쌀을 상으로 주었다.

권상일은 울산의 읍지인 『학성지鶴城誌』의 편찬에도 관심을 가졌다.

우리나라의 여지승람輿地勝覽은 이 규례를 모방하면서 더하여 자세하게 갖추었다. 국내의 각 고을에는 모두 지지地誌가 있지만, 유독 울주蔚州에는 아직 있지 않다. 을묘년乙卯年(1735년) 내가 외람되게 이 고을의 수령이 되니, 고을의 부노들이 모두 청하기를, 읍지邑誌를 만들어 후인들이 살필 수 있게 하고, 뒷날 왕부王府에 바칠 것을 대비하자고 했다. 상사上舍 박망구와 사인士人 이원담에게 부탁하여 옛 기록을 널리 가려서 초본을 만

들었다. 무오년戊午年(1738년) 겨울에 상자에 넣어서 집에 돌아왔다. 일기一紀(12년)가 다 됐는데도 이루지 못했다. 여러 부노들이 편지를 보내 재촉함에 초본 중에서 번잡한 것을 깎고 소략한 것을 늘려 고쳐 써서 보냈다.

—『청대집』, 권11 「학성지서」

권상일은 편찬의 실무 작업을 지역의 유력 인사인 박망구나 이원담 등에게 부탁하여 편찬을 독려하였다. 읍지를 통해 지방 통치를 위한 자료를 확보함과 동시에 해당 지역의 교화에 참고하기 위한 것이었다.

권상일이 재임하던 시기에 편찬을 시작한 『학성지』는 앞서 제시한 서문에 따르면 초본까지는 완성된 듯하다. 그러나 최종본은 완성하지 못하여 권상일은 퇴임하면서 읍지 수정에 필요한 자료들을 상자에 담아서 고향으로 가지고 돌아왔다, 그런 때문인지 퇴임한 뒤인 1749년(영조 25) 3월 21일 울산의 향교와 서원에서 권상일에게 심부름꾼을 보내와서 이현담李玄聃과 이원담 형제의 편지와 배도겸과 이귀담李龜聃·서익명徐益明·박이효朴履孝·이여성李汝星 등 여러 사람들이 연명한 문서를 보냈는데, 내용은 읍지를 수정하여 보내 주기를 요청하는 일이었다. 이에 대해 권상일은 가을쯤에 수정해서 보내겠다는 의사를 전달하였다. 이를 계기로 한 것인지 권상일은 『학성지』를 일정 정도 수정하여 정서본을 울산에 보냈던 것으로 보인다. 이 작업은 1750년(영조 26) 7월까지도 이어진 것으로 추정된다. 그러나 현재 정서본은 남아 있지 않고, 초고본만 남아 있는 상태이다.

　권상일은 지방관으로서 울산 읍지인 『학성지』의 편찬 이외에도 고향인 상주의 읍지인 『상산지商山誌』의 수정에도 참여하였다. 『상산지』는 앞서 17세기 초 상주 출신인 이준과 상주목사 강복성康復誠·정호선丁好善 등이 주도하여 편찬하였는데, 18세기 중반 이에 대한 수정 작업이 진행되었고, 이를 권상일이 주도한 것으로 보인다. 1749년 5월 8일 권상일은 지역 내 여러 인사들에게 편지를 보내 『상산지』 수정 문제를 논의하기 위해 도남서원에서의 모임을 제안하였다. 이를 계기로 『상산지』 수정 작업이 진행되어 5월 19일 매악서당梅岳書堂에서 여러 사람이 『상산지』를 수정하는 작업이 진행되었으며, 각 동리의 내용은 동리에서 수정하도록 하여 다음 달인 6월 4일에는 백화白華·봉성鳳城·지천智川 등 서당 세 곳에서 수정 내용을 보내오기도 하였다. 일정 정도 수정이 진행된 뒤에는 상주목사와 협의가 진행되었는데, 상주목사는 권상일이 주도한 『상산지』 속집續集의 수정 내용에 불만이 있었던 듯 간략하게 하기를 요청하였다. 권상일의 『상산지』 수정 작업은 대략 5년여 정도가 경과한 듯하고, 마침

내 1754년 6월 20일 『상산지』의 본집과 속집도 한 책으로 합본하였다.

1738년(영조 14) 12월 울산부사는 6년과年窠 수령이지만 고과에서 3차례 중中을 받았기에 그대로 둘 수 없다는 이비吏批의 요청으로 파출되었다. 더구나 이때 권상일의 나이가 이미 60세였다. 1740년 5월 26일 장령직에 제수되었다. 그러나 해유解由가 아직 나오지 않았다고 하여 개차되었다. 해유란 임기가 다 차서 직임이 해면된 것을 '해解'라 하고, 그 근무 성적을 매기는 것을 '유由'라 일컫는 말이다. 또한 해유는 관리가 교체될 때 후임자에게 인계하는 사무와 관리하였던 물건을 자세히 기록하여 일정한 절차를 거쳐 심사한 후 그 책임을 면하는 행정절차를 말한다. 당시까지 권상일에 대한 해유 절차가 나오지 않았기에 이어지는 관직 제수가 철회되어 개차된 것으로 보인다.

이후 권상일에 대한 관직의 제수와 체차, 개차 등이 진행되었다. 권상일은 부사과와 부호군을 거쳐 1741년(영조 17) 5월 4일 장령에 다시 제수되었다. 그러나 지방에 있다는 이유로 며칠 못가 다시 부호군에 제수되었다가 6월 2일에 또다시 장령에 제수되었다. 이때도 권상일은 관직에 나아가지 않았으며 급기야 6월 14일에 국왕이 참석하는 친국親鞫 시에 참여하지 않아 다시 개차되었다. 1741년 11월 17일에 세자시강원 필선에 제수되었으나,

10여 일도 지나지 않아 개차되어 부호군에 제수되었다. 한동안 관직에서 멀어져 지내던 권상일에게 1743년(영조 19) 5월 2일 종부시정을 거쳐 7월 2일에 장령이 제수되었으나 지방에 있다고 하여 체차되었다. 9월 15일에 또다시 장령에 제수되었다가 지방에 있다고 하여 체차된 뒤 부호군에 제수되었다. 이어 1744년(영조 20) 1월 5일에 다시 장령을 거쳐 1월 23일 부호군에 제수되었다가 1745년(영조 21) 3월 5일 봉상시정奉常寺正에 제수되었다가 신병身病을 이유로 5월 14일에 체차되었다. 그러나 봉상시정의 제수는 권상일의 관직 생활 중에 의미 있는 단계이다. 봉상시정과 승문원판교承文院判校·통례원통례通禮院通禮·훈련원정訓鍊院正은, 임기가 차면 당상관堂上官으로 올리는 것이 상례로서, 차후 권상일이 당상관으로 올라가게 되는 과정이었다.

이 과정에서 권상일은 1745년 8월에 도남서원의 재임에 선출되었다. 재임이 되면 서원의 운영에 참여하게 되는데, 마침 권상일이 재임으로 선출될 때 서원의 심원록尋院錄에 문제가 있었다. 1745년 8월 28일 서원 심원록에 어떤 과객過客이 성이한成爾漢·김남기金南紀에게 검은 먹으로 권점을 쳤던 것이다. 이는 불만의 표시였던 것으로 보인다. 이에 향교에서 통문을 내어 그 과객의 성명을 적발하여 보고해 줄 것을 청하였으며, 성우주成于柱도 통문을 내어 수임首任과 부임副任이 이 일 때문에 일전에 모두 모였는데, 원장이 성이한에게 편지를 써 답장을 받았으므로 미봉의 경지에는 이르게 될 것 같다고 했다. 이어 1747년(영조 23) 7월에는 도남서원의 원장이 사직단자를 보내왔다. 앞서 서원 모임 때 소를 도살한 일 때문에 상주목사가 담당 아전(色吏)과 고지기(庫直)를 잡아다 가둔 지가 이미 여러 날이고, 또 다른 물의가 있어 책임을 지고 사직을 청한 것이었다. 이에 권상일은 제사題辭를 써서 좌기坐起하기를 권하였다고 한다.

이 와중인 1745년 9월에 다시 세자시강원 필선에 제수되었다. 수망으로서 낙점을 받았는데, 유지가 내려와 "기한을 넘기면 의금부의 심문을 삼사와 동일하게 적용한다"고 하였기 때문에 세자시강원 하인이 밤을 잊고 달려왔다. 권상일은 먼저 선문先文을 보내 일정을 통보했으나 도착하기 전인 10월 5일 헌납에 제수되었다. 마침 서울로 올라가는 중이어서 그랬는지 10월 6일에 바로 대청에 나아가 사은숙배하고, 사간 이위보李渭輔가 들어와 상회례相會禮를 행하였다. 남북으로 서서 서로 읍揖을 하는 행위이다.

권상일은 헌납으로 재직 시에 마침 관직에 나와 있던 사촌 권상룡權相龍에게 동궁, 즉 우리가 흔히 사도세자라 칭하는 인물과 관련된 일화를 전해 들었다. 흥미로운 주제이기에 아래에서 제시한다. 권상룡이 전해 주는 이야기는 소대召對 때의 일화이

다. 동궁이 국왕을 탑전에 모시고 앉았는데 사립絲笠을 쓰고 청
포靑袍를 입었으며, 기품이 의젓하여 16-17세 된 아이와 같았다
고 한다. 이때 『사략』의 '주위상저장紂爲象箸章'을 강하였기 때문
에 국왕이 "상아 젓가락과 옥잔이 너의 마음속에 갖고 싶은 것
인가, 갖고 싶지 않은 것인가?"라고 하였다. 그런데 사도세자
가 한참 동안 대답을 않자 국왕이 경연관에게 "이는 필시 그의
마음이 갖고 싶기도 하면서 갖고 싶지 않기도 한, 의義와 이利가
서로 갈등을 일으켜 아직 분간이 되지 않기 때문에 대답을 않는
것이다. 만약 마음속으로 갖고 싶으면서 갖고 싶지 않다고 나에
게 고한다면 이는 제 아비를 속이는 것이어서 제가 속이지 않는
것이 옳다는 것을 알기 때문에 이와 같은 것이다"라고 하였다는
것이다.

　권상일이 헌납에 제수된 다음 날인 10월 6일 마침 국왕이 종
묘에 거둥하였다. 이 자리에 권상일도 참여해야만 하였다. 사
간원 서리가 엄嚴할 시각이 가까워 왔다고 고하였기 때문에 권
상일은 명정전 문밖 헐청歇廳으로 옮겨 앉아 사간 이위보·교리
윤득재尹得載와 함께 조용히 이야기를 나누었다. 엄嚴이란 준비
단계를 알리는 시점이다. 이어서 내반內班으로 들어갔는데, 동
반 수시신首侍臣은 사간 이위보와 교리 윤득재였으며, 서반 수시
신은 권상일 한 사람이었다. 인의引儀 두 사람은 맨 뒤에 따라와

서 떨어져 앉았는데, 이는 시신侍臣을 인접引接하기 위해서였다. 이윽고 국왕이 연輦에 오르고, 연 앞에 양쪽으로 나뉘어 걸어서 인도하여 건양령建陽嶺을 넘고 돈화문敦化門 밖에 이르러 노차路次에 마주 섰다. '시신상마侍臣上馬(시신은 말에 오르시오)'의 명령이 내려진 뒤에 비로소 말에 올랐다. 종묘 문밖에 이르러 백관들은 모두 말에서 내려 걸어서 들어가고, 시신은 '하마下馬(말에서 내리시오)'의 명령을 기다렸다가 비로소 내려 걸어서 인도하였다.

이때 권상일은 묘정廟廷 동문 밖에 이르러 반열에 앉았다. 국왕이 재실에 들어간 뒤 약방藥房·승정원·옥당이 문안하니 답하기를 "알았다"고 하였다. 두어 식경이 지난 뒤에 국왕이 친히 종묘와 영녕전永寧殿을 봉심하였다. 오후에 성생례省牲禮를 마치고 나서는 국왕이 재실로 들어가고, 백관들은 각자 임시 막사로 갔다. 친제의 정시正時는 4경 1점이었고, 개문開門은 2경二更 1점이었다. 권상일은 당일 초경에 선잠이 들었다가 이경 말에 잠자리에서 일어나 세수하고 관복을 갖추어 외반열로 나아간 뒤 묘정으로 들어갔다. 이때 권상일은 권상룡과 함께 11실十一室의 집준재랑執樽齋郎이라는 소임을 맡았는데, 종묘의 11실이 숙종의 신실神室이었던 듯 감회에 젖어 들기도 하였다. 날이 밝으려고 할 때 권상일은 비로소 마치고 임시 막사로 돌아왔다.

대가의 환궁 시간 초엄初嚴은 진초辰初 초각初刻, 이엄二嚴은 진초 1각, 삼엄三嚴은 진초 2각이었다. 이때 권상일은 시신으로서 앞에서 인도하였다. 명정전 문밖에 이르러 국왕이 한참 동안 연에 있었고, 풍악이 크게 울렸다. 국왕이 표신標信을 발부하여 선전관을 대궐 문밖으로 보내어 군문軍門에 진을 치도록 하였다. 복명復命한 뒤에 국왕이 침전寢殿으로 들어가고, 권상일은 사간 이위보와 함께 각자 일을 마치고 돌아왔다. 며칠 뒤 권상일은 신병을 이유로 체직을 요청하는 상소를 제출했으나 승정원에서는 접수하지 않고 도로 내주었다.

권상일은 10월 8일 이른 새벽에 출사하라는 패초牌招를 받고 대궐에 나아갔으나, 정작 국왕이 참석하는 친국 자리에 참석하지 못했다. 이로 인해 며칠 후 파직되었다. 권상일은 사촌 권상룡에게 종과 말을 빌려 고향으로 돌아갔다. 몇 개월 뒤인 1746년(영조 22) 4월 부사직에 제수되었다가 5월 2일에 말망인데도 헌납에 제수되자 상주 지역의 향리가 유지를 가지고 왔으며, 사간원의 서리가 고목과 조보朝報·정목政目·소장疏章을 가지고 왔다. 9월 3일 성균관 사성司成에 제수되었는데, 이날의 정사에서 홍주목사洪州牧使의 부망에 들었고, 또 보덕輔德의 말망에 들었으며, 또 사성의 수망에 들어 낙점을 받았던 것이다. 이후에도 권상일은 집의와 사간 등에 제수되었으나 역시 출사하지 않았다.

5

당상관堂上官,
고급 관료의 진출

1747년(영조 23) 9월 권상일은 통정대부 승정원 동부승지에
올랐다. 비로소 당상관직에 오른 것이다. 조선시대 관료 체계
에서 참하관은 하급 관료로 실무 행정을 담당하였고, 참상관 이
상은 중급 관료로서 정책을 집행하였으며 또 여론을 수렴하여
국정 수행을 감독하고 비판하는 역할을 수행하였다. 당상관 이
상은 고급 관료집단으로서, 국정을 입안하고 결정하며 운영을
책임졌다. 따라서 관직에 나선 누구라도 당상으로 승진하기를
희망하고 최종적으로 정승이 되기를 바랐다. 그러나 여러 제한
이 많았으며 관직의 숫자도 크게 줄어들어 권력을 가진 관직으
로서의 권위를 유지하게 하였다. 【표 4】는 조선시대 동반과 서
반의 품계를 정리한 것이다.

품계(品階) \ 직(職)	동반(문반)	서반(무반)	공복(公服)
정1품	대광보국숭록대부(大匡輔國崇祿大夫) 상보국숭록대부(上輔國崇祿大夫) 보국숭록대부(輔國崇祿大夫)		홍포 (紅袍)
종1품	숭록대부(崇祿大夫) 숭정대부(崇政大夫)		
정2품	정헌대부(正憲大夫) 자헌대부(資憲大夫)		
종2품	가정대부(嘉靖大夫) 가선대부(嘉善大夫)		
정3품	통정대부(通政大夫)	절충장군(折衝將軍)	
	통훈대부(通訓大夫)	어모장군(禦侮將軍)	
종3품	중직대부(中直大夫) 중훈대부(中訓大夫)	건공장군(建功將軍) 보공장군(保功將軍)	
정4품	봉정대부(奉正大夫) 봉열대부(奉列大夫)	진위장군(振威將軍) 소위장군(昭威將軍)	
종4품	조산대부(朝散大夫) 조봉대부(朝奉大夫)	정략장군(定略將軍) 선략장군(宣略將軍)	
정5품	통덕랑(通德郎) 통선랑(通善郎)	과의교위(果毅校尉) 충의교위(忠毅校尉)	청포 (靑袍)
종5품	봉직랑(奉直郎) 봉훈랑(奉訓郎)	현신교위(顯信校尉) 창신교위(彰信校尉)	
정6품	승의랑(承議郎) 승훈랑(承訓郎)	돈용교위(敦勇校尉) 진용교위(進勇校尉)	
종6품	선교랑(宣敎郎) 선무랑(宣務郎)	여절교위(勵節校尉) 병절교위(秉節校尉)	
정7품	무공랑(務功郎)	적순부위(迪順副尉)	
종7품	계공랑(啓功郎)	분순부위(奮順副尉)	
정8품	통사랑(通仕郎)	승의부위(承義副尉)	녹포 (綠袍)
종8품	승사랑(承仕郎)	수의부위(修義副尉)	
정9품	종사랑(從仕郎)	효력부위(效力副尉)	
종9품	장사랑(將仕郎)	전력부위(展力副尉)	

표 4 조선시대 동반과 서반의 등급별 품계

흥미로운 것은 어느 단계에 이르면 공복의 색깔이 바뀐다는 점이다. 7품-9품까지는 녹포를 입다가, 6품-정3품 아래 단계의 품계를 가지면 청포를 입었으며, 정3품 위 단계의 품계부터는 홍포를 입는다. 이는 그대로 관원들의 단계를 말하는데, 청포를 입는 단계가 참하관이고, 청포를 입는 단계가 참상관이며, 홍포를 입는 단계가 당상관이었다.

당상에 올라갈 수 있는 계제직階梯職이라든가 임금의 특명特命에 의해 당상으로 승진하면 할 수 있는 관직은 승정원의 육승지직과 6조의 참의·참지·장예원 판결사·사간원 대사간·홍문관 부제학·성균관 대사성, 그리고 외직으로 관찰사·부윤府尹 등이었다. 한 연구에 따르면 조선시대 입상자入相者들이 당상관으로 승진했을 때 처음 받은 관직은 대부분 승정원의 동부승지직이었다. 승지직은 왕명을 출납하며 경연에 참여하여 군덕君德과 국정을 논함으로써 군주를 최측근에서 보필하는 직책으로 임금에게 자신의 존재와 능력을 알리고 신임을 받아 내는 데 가장 좋은 자리였다. 여기서 임금의 인정과 신임을 얻는다면 비삼망備三望에 의한 낙점권으로서 거의 절대적인 인사권을 행사하는 군주에 의해 정승까지 승진을 바라볼 수 있었다.

권상일은 1747년 9월 3일 정사에서 동부승지에 제수되었는데, 이때 권상일은 고향에 머물고 있었다. 이에 승정원에서는 바로 업무를 수행하지 못할 것을 우려해서, 국왕에게 19일 정시庭試에 친림할 때 승지를 갖출 수가 없음을 들어 그 대책을 요구하였다. 아마도 다른 인원으로 대체하기를 의도한 것으로 보인다. 그러나 국왕은 "정시를 치르기 전에 스스로 올라와야 할 것이니 변통하지 말라"고 하여 그대로 유지하도록 하였다. 국왕의 명령을 전해 들은 권상일은 체직을 요청하는 상소를 작성하고 이를 제출하기 위해 서울로 향했다. 서울로 가던 중 연풍에서 곽란霍亂이 일어나 더 이상 진전하지 못하고 연풍현에서 상소를 올렸다.

결국 권상일은 9월 19일 정사에서 승지직이 체임되고 다음날 말망으로 형조참의에 제수되었다. 며칠 지나 관교官敎와 조보·정사가 전달되었고, 소식을 전해 주기 위해 내려온 형조의 하인에게 권상일은 다음 달 10일경에 서울로 올라가겠다는 뜻을 전했다. 다음 달 10월 9일 서울로 향해 10월 15일 서울에 도착해서는 파직을 요청하는 상소를 올렸으나, 승정원에서 받아들이지 않고 도로 내주었다. 10월 17일 다시 상소를 승정원에 보냈는데, 승정원에서 처음에는 상소를 받는 것을 어렵게 여겼으나 형조판서 신만申晚이 여러 승지들에게 심부름꾼을 보내어 이번 소는 받지 않을 수 없다면서 가자加資 뒤에 한 번의 사직소는 도리로 보아 당연하다고 운운하여 바로 접수하였다. 저녁때

사직소에 대한 국왕의 비답이 내려왔는데, "소를 보고 잘 알았다. 이번에 가자하여 발탁한 뜻이 있다. 너는 사직하지 말고 직무를 살펴라"라고 하였다.

형조참의 권상일은 마침내 궁궐에 나아가 사은숙배를 하고 관직 생활을 시작하였다. 형조의 좌기가 있다는 소식을 듣고 참석하여, 판서와 인사를 하였고 이후 아래의 낭청들과 하리下吏들이 차례로 인사하였다. 당시 권상일은 형조가 "소송이 많기로는 번화한 부府보다도 심하다"고 하며 일기에서 형조의 관행이나 업무를 소개하고 있다. 이를 정리하면 다음과 같다. 형조의 규례에 의하면 판서가 맡아보았던 문서나 장부는 비록 그가 갈려 면직이 된 뒤에라도 신임 판서가 맡아야 하고, 참판이나 참의들도 마찬가지여서 서로 업무가 섞이지 않았다. 형조의 업무는 관직별로 혹은 부서별로 나누어서 관장하였다. 상일방詳一房은 판서가 담당하고, 고이방考二房은 참판이 담당하며, 예이방隸二房은 참의가 담당하고, 예일방隸一房은 정랑 임수관任守寬이 담당하고, 고일방考一房과 고이방은 정랑 류서柳恕가 담당하며 금일방禁一房은 정랑 김치온金致溫이 담당하고, 예이방은 좌랑 송문흠宋文欽이 담당하며, 상일방과 상이방, 그리고 형방刑房은 좌랑 임현중任顯重이 담당하고, 금이방禁二房은 좌랑 임지호林志浩가 담당하였다. 서리들의 경우는, 고이방은 김영환金英煥이, 상일방은 전춘상田春祥이 담당하고, 그 나머지 김서항金瑞恒·이덕운李德運·김성대金成大·김학량金學良·장서규張瑞奎·김중대金重大는 위 사항의 각 방房에 의거하여 차례에 따라 임무를 수행하였다.

형조에서는 죄수에 대한 심문을 담당하였다. 권상일은 10월 2일 전옥서에 갇힌 죄수 중 당일에 심문해야 할 일차죄인日次罪人들을 압송하여 곤장을 쳤으나 모두 승복하지 않아서 입계 문서를 수정한 뒤에 마치고 돌아왔다. 당시 죄인 중 승전죄인承傳罪人 26명과 본조죄인本曹罪人 56명 중에서, 오직 승전죄인만 매번 좌기하여 곤장을 치며 심문한 것이다. 문안을 살펴보니, 1732년(영조 8)과 1733년(영조 9)에 갇힌 무리가 많았으며, 그중에는 간혹 백여 차례나 곤장을 맞은 자도 있었다고 한다.

권상일은 형조에서 근무하면서 신사금차神祀禁差를 차출하여 보내기도 하였다. 신사금차란 금지된 신당神堂의 조사를 위해 차출된 관원을 말한다. 한 곳에 금리禁吏 김성택과 사령使令 득선得先을 보냈다. 권상일은 또한 야간의 통행금지 시간에 도성 안 아무개 방坊에서 살인사건이 발생하자, 좌·우 포도청, 좌·우 순청, 훈련도감, 금위영, 어영청 등에 체문을 내어 서리와 사령들에게 주었다.

권상일은 참의로서 형조의 업무를 수행하는 한편 당상관으로서 유생들의 시험 때 감독관 역할을 수행하기도 하였다. 11월

13일 홍문관 제학이 두 번째로 패牌를 보내어 부르기에 그를 따라 빈청에 나아가 문제를 가지고 나와서 명륜당에서 유생들에게 시험을 보였다. 오후에 유생들이 많이 나왔다. 이때 시험의 송頌 제목은 "서쪽 이웃이 조촐하게 제사를 지내다(西隣禴祭)"였는데, 시권을 6백여 장 거두었다고 한다. 시관과 내관이 시권을 싣고 대궐로 갔다.

권상일은 계복啓覆에도 참여해야만 하였다. 계복이란 사형수를 처결하기 전에 여러 차례 심리하는 자리로, 국왕도 참석하였다. 권상일은 11월 24일 초복初覆 때문에 궁궐 문이 열리기를 기다렸다가 대궐에 나아갔다. 국왕이 홍정당興政堂에 나와 서합西閤에 좌정하자, 동쪽에는 영의정 김재로金在魯, 좌의정 조현명, 이조판서 서종급徐宗伋, 호조판서 김약로金若魯, 좌참찬 권적權禍, 판윤 류엄柳儼, 예조참판 이광세李匡世가 앉았다. 서쪽에는 병조판서 정우량鄭羽良, 형조판서 신만, 형조참판 정형복鄭亨復이 앉고, 남쪽에는 도승지 정언섭鄭彦燮, 좌승지左承旨 한사득韓師得, 우승지 김상적金尙迪, 우부승지 이창수李昌壽, 좌부승지 홍봉한洪鳳漢, 동부승지 정휘량鄭翬良이 앉았다. 뒷줄의 동쪽에는 장령 이하술李河述, 헌납 조재희趙載禧가 앉고, 뒷줄의 서쪽에는 대사간 유건기兪健基, 수찬 서지수徐志修, 형조참의 권상일, 공조참의 김정윤金廷潤이 앉고, 주서와 한림 각 두 사람이 승지들 앞에 나누어 앉고, 동과 서 양쪽에는 각각 계복 문서를 지닌 자들 열두 사람이 앉았다.

국왕이 여러 승지에게 계복 문서를 읽으라고 명령한 뒤에 참석한 신하들에게 옥사의 사정을 두루 물어보자, 신하들이 각자의 소견을 진술하였다. 보성寶城의 박씨 사절死節에 관한 일에 이르러 여러 신하들이 모두 정문旌門을 내려 포상하는 것이 합당하다고 아뢰었으나 유독 좌의정과 판윤은 불가하다고 하였다. 권상일은 "비록 깊이 잘 때 오욕 당한 일이나 이 일은 부지불식간에 일어난 일이므로 본인의 허물이 되지는 않을 것 같습니다. 그가 조용히 죽음을 택한 것은 비록 옛날의 열녀라 할지라도 이보다 더할 수는 없습니다. 이 부녀에게 정문을 내려 포상하시어 한 지방의 풍속을 권장함이 도리에 합당할 것 같습니다"라고 아뢰었다. 국왕은 "추로지향鄒魯之鄕 출신의 소견이 이와 같으니, 마땅히 그의 의견을 좇아야 할 것이다"라고 하며, 마침내 승지에게 명령하여 정문旌門 전교를 내리도록 명령하였다.

이날의 계복은 초경(저녁 7시-9시)이 지난 뒤에 끝났는데, 권상일이 물러나 나오려고 하자 국왕이 불러 세워 면담을 하였다. 국왕이 "형조참의는 나이가 지금 얼마인가"라고 하자 권상일은 "예순아홉입니다"라고 대답하였고, 국왕이 또 "처음 입시한 때가 어느 해인가?"라고 묻자, 권상일은 "갑인년(1733) 가을에 장령으로 입시하여 지금 14년이 되었습니다" 하고 대답하였다. 권상일이 합문을 나서자마자 국왕이 승지를 의망擬望(추천)한 이전 단자 중 형조참의의 이름이 기입된 단자를 들이라고 하교하였다. 권상일이 집에 당도했을 때 승정원의 하인이 와서 알려 줘 승정원 승지에 다시 제수된 사실을 알게 되었다.

권상일은 다음 날 궁궐에 나아가 사은숙배하고 관직을 수행하였다. 승정원의 승지직은 대개 동부승지로부터 출발하는데, 새로 동부승지에 제수된 인원은 주도做度를 해야만 하였다. 주도란 새로 관청에 배속된 관원이 계속해서 직숙하는 규정을 말하는데, 표직豹直·포직儤直·쇄직鎖直이라고도 하였다. 승정원 규정에 따르면, 처음 승지가 된 관원은 13일을 연달아 숙직을 서야 했다. 13일 중에서 10일이 주도에 해당되며, 3일은 예직例直에 해당된다. 그리고 만약 이전에 승지를 거쳤던 관원이 다른 관서에서 재직하다가 다시 승정원으로 오게 되면 역시 주도를 행하는데 이때는 5일만 직숙하였다. 이 같은 주도는 홍문관이나 도총부, 규장각 등에서도 시행했지만, 특히 승정원의 주도 적용이 엄격하였다. 하루라도 주도를 마치기 전에 궁궐 안에 있는 금천교禁川橋를 건너면 지금까지의 주도가 무시되었다. 또한 동부승지에 제수되어 주도를 행하는 기간에 만약 우부승지에 제수되어도 동부승지의 예에 따라 주도를 하였다. 병이 생겨도 아프다고 할 수도 없었고, 주도를 마치기 전에는 자신이 다른 관직을 겸직하고 있다고 해서 출직出直할 수 없었다. 국왕이 주도를 마친 승지에게 주도로 인한 고통이 없었는가를 물을 정도였다. 다만 이런 규정도 상황에 따라 어느 정도는 탄력적으로 운영되었다. 1765년(영조 41) 당시 이재협이 동부승지로 주도를 행하고 있었는데, 주도 10일째 되던 날 국왕의 거둥을 수행하고자 궐문을 나간 적이 있었다. 그래서 주도의 통과 여부를 놓고 논란이 있었고, 결국 국왕의 하교로 주도를 통과한 것으로 인정된 적도 있었다.

다음으로 통상적인 숙직의 경우도 만만치 않았다. 대개 밤 10시경 종을 쳐서 성문을 닫으며 통행금지가 시작되는 인정人定 때부터 다음 날 새벽 4시경 종을 쳐서 성문을 열어 통행금지가 해제되는 파루 때까지 직숙을 하는 것이 원칙이었다. 직숙은 승지 이외에도 국왕의 자문에 응하는 홍문관, 또는 사관이라고도 불리는 예문관의 검열, 국왕의 호위를 담당하는 도총부나 금군禁軍, 혹은 국왕이나 왕실 인원의 비상 시 의료를 담당하는 의원들이 수행하였다.

직숙의 경우 같은 승정원 소속 승지라고 하더라도 동벽과 서벽이 달랐다. 동벽과 서벽은 회의 때 앉는 자리에 따라 구분하는 것으로, 동벽은 도승지·좌승지·우승지, 서벽은 좌부승지·우부승지·동부승지를 말하는데, 같은 승지라고 하여도 동벽의 서열이 높았다. 동벽이란 동쪽 자리나 동쪽 자리에 앉는 관원을 말하고, 서벽이란 서쪽 자리나 서쪽 자리에 앉는 관원을 말하는데, 이로 인해 관원의 위계가 구분되었다. 주벽主壁이란 표현도 있는데 북쪽에 앉아서 남쪽을 향하는 자리로 대개 장관들이 해당된다. 『은대조례』의 규정과는 달리 도승지를 주벽, 좌승지와 우승지를 서벽, 좌부승지와 우부승지와 동부승지는 동벽이라고 한 기록도 있어 시기마다 차이가 있었던 것으로 생각된다. 그래서인지 동벽은 4일에 한 번 직숙을 섰던 데 비해 서벽의 최하위인 동부승지는 연3일 동안 직숙해야 했다. 동부승지를 제외한 서벽의 다른 인원이 동부승지와 같은 지는 알 수 없으나 동벽보다는 직숙을 많이 하지 않았을까 생각된다. 승지에서 가장 최하위인 동부승지는 4일에 한 번 숙직이 면제되었으니 얼마나 고역이었을지 쉽게 상상이 된다.

직숙 시간에는 불시에 국왕이 불러 입시하기도 하였다. 권상일은 사은숙배하고 당일에 숙직하는 중에 국왕이 불러 입시하였다. 승지의 역할을 보여 주는 차원에서 다소 장황하지만 일기에 기록된 그날의 상황을 제시한다. 밤 이경에 국왕이 전교하기를 "승지는 합문에 들라"고 하였다. 권상일은 직숙 중 바로 일어나 공복을 입고 합문 밖에 나아갔는데, 사관도 뒤따라왔다. 조금 있으니 사알司謁이 나와서 권상일에게 국왕이 좌정하였다고 알려 주었다. 권상일은 바로 쫓아 들어가서 굽은 회랑을 지나는데, 두 방 뒤에는 촛불을 여러 군데 밝혀 놓았었다. 작은 뜰을 지나 부계浮階를 올라가서 문밖에서 곡배를 올린 뒤에 입시하니 국왕이 침방 문안에 앉아 있는데, 그 거리가 1-2장丈쯤에 지나지 않았다.

권상일을 마주한 국왕은 "영덕盈德의 옥사를 살펴보니 영남 향촌의 변고를 헤아려 알 수 있겠으나, 신가申哥도 무죄라고 할 수 없겠다. 그가 만약 문을 닫고 스스로의 도리를 다했다면 어찌 재앙의 그물에 걸렸겠는가. 그러나 여러 해 동안의 옥살이에 사정이 매우 원통했을 것이기 때문에 특별히 풀어 주게 하였다"고 하였다. 이에 대해 권상일은 "성상의 전교가 지당하옵니다. 신가가 비록 스스로의 도리를 다하는 뜻을 잃었으나, 연전에 상주尙州 감옥으로 옮겨 가두었기 때문에 그의 억울한 사정을 자세히 들었사옵니다"라고 대답하였다. 국왕이 언급한 영덕의 옥사란 1744년 10월에 당색이 서로 다른 주민들 사이에서 발생한 무고로 인한 옥사로, 영덕은 남인들이 주류를 이루고 살던 고을이었으나, 새로 들어온 주민들이 남인들의 텃세에 대항하여 당색도 서인西人으로 행세하자, 두 세력 간에 구향舊鄕과 신향新鄕으로 나뉘어 알력이 생기게 되었고 갈등 과정에서 옥사가 발생한 사건이다.

국왕이 영남 상황에 대해서 문의하기를 "우리 조정에 종사從
祀된 여러 어진 이들의 학문과 언행을 상세히 말할 수 있는가?"
라고 하자, 권상일은 "신이 어리석고 학문이 거칠어 어떻게 감
히 추측하여 알 수 있겠사옵니까. 다만 선정신先正臣 김굉필金宏
弼과 정여창鄭汝昌은 참혹하게 사화를 당하였기 때문에 문적을
모두 물과 불 속에 던져 버려서 단지 언행 약간만 『국조유선록
國朝儒先錄』에 실려 있을 뿐입니다. 조광조趙光祖와 이언적李彦迪은
선정신 이황이 지은 행장이 매우 자세하여 고찰할 수는 있으나
다만 저술한 문자가 적어 후인들의 한이 되옵니다. 오직 이황
만 학문을 쌓고 공부를 독실하게 하여 저술이 매우 많아서 우리
동방의 수천 년의 학문을 집대성한 유현이라고 할 만하고, 또한
학문을 주고받은 문도가 매우 많아, 나와서 국가에 쓰이는 인재
가 되어 사업이 밝게 드러난 자도 있고, 산림에 묻혀 학문을 닦
으면서 후학을 가르치는 자도 있사온데, 그의 학문의 문로가 바
르고 옳아서 이단으로 흘러들어 간 경우가 한 번도 없었으니,
선묘조의 조정을 중흥시킨 여러 신하들이 그의 문도들이옵니
다"라고 하였다.

국왕이 "도산서원은 동부승지의 집과 서로 거리가 얼마나
되는가?"라고 하자, 권상일이 "일백사십 리입니다"라고 대답하

였다. 국왕이 "그 서원의 원장을 한 적이 있는가?"라고 하자, 권상일이 "계축년(1733)에 원임을 하였사온데, 조정의 사제賜祭를 맞이하여 도내 유생들과 함께 성대한 제례에 참여하였고, 그 뒤에 두 번째로 원장을 맡았사옵니다"라고 대답하였다. 국왕이 이어서 안동과 상주에 관한 일을 물었는데, 권상일이 "안동과 상주는 도내의 상류에 위치한 큰 고을로, 이름난 유생과 어진 신하들이 무리를 지어 나왔사옵니다. 선묘조 때는 영남에서 이름난 재상이 네 명이나 나왔는데, 두 명은 안동 출신이고, 두 명은 상주 출신입니다"라고 대답하니, 국왕이 "누구냐?"라고 하자, 권상일은 "류성룡과 정탁은 안동 사람이고, 노수신盧守愼과 이덕형李德馨은 상주 사람입니다"라고 대답하였다. 권상일은 이어서 아뢰기를 "상주에는 도남서원이 있사온데, 선정신 정몽주, 김굉필, 정여창, 이언적, 이황을 합향合享하고, 노수신, 류성룡, 정경세를 배향配享하였습니다"라고 하였다. 국왕이 "조광조만 홀로 빠진 것은 무엇 때문인가? 혹시 사론士論이 불만이 있어서인가?"라고 묻자, 권상일이 "그렇지 않사옵니다. 상주는 한 도의 요충지에 있어서 선정 여러 신하들이 왕래하고 두루 노닐지 않은 곳이 없기 때문에 문장공文莊公 신 정경세가 고을의 여러 사람들과 함께 서원을 세워 영남의 유현들만 제향하기로 발의하였고, 조광조는 서울 사람이기 때문에 합향하지 않았사옵니다"라고 대답하였다.

국왕이 또 "제향할 때 원장은 어떤 관복을 입고 유생은 어떤 관복을 입는가?"라고 물어서, 권상일이 "도산서원은 원장이 복두幞頭와 단령團領을 입고, 우리 도남서원은 원장이 관冠을 쓰고 단령을 입으며, 유생은 두 서원이 모두 두건頭巾을 쓰고 청금靑衿을 입습니다"라고 대답하였다. 국왕이 "「권선지로가勸善指路歌」는 선정先正이 지었는가?"라고 하자, 권상일이 "본손의 집에는 고찰해 볼 문적이 없사옵니다. 이는 본손 자손들이 영락하여 주관할 자가 없기 때문에 문적이 다 흩어져서일 것입니다. 문순공의 급제 시권 두 장이 서울의 한 사대부 집에 있었는데, 몇 년 전에 겨우 찾아온 적이 있었사옵니다. 고찰해 볼 문적이 없기 때문에 그 허실을 정확하게 알 수는 없으나, 그 집안 부녀들이 서로 전해 오기를, '우리 선조께서 지은 것이다'라고 말하는 것을 본 적이 있었사옵니다. 또한 가사 중에 '훈양훈양논을 가는 대로 노하스라'라는 이 한 구절은 이황이 아니라면 이러한 경지를 말할 수 없을 것입니다"라고 하니, 국왕이 "그럴 것이다"라고 하였다. 권상일이 또 아뢰기를 "노래 가사 때문에 특별히 치제致祭하는 것은 아마도 일의 체모에 합당하지 않은 것 같사옵니다. 작년에 사제를 그만두게 하신 명령은 합당한 것 같사옵니다"라고 하였다. 국왕이 "동부승지가 도산과 도남 두 서원의 원장으로 있을 때, 향음주례鄕飮酒禮를 행한 적이 있는가?"라고 하자, 권상일이 "이 일은 아직까지 할 수 없었으나 도남서원에서 한 번 강학하는 모임은 행한 적이 있사옵니다"라고 대답하였다.

국왕이 "현재 영남의 시종신侍從臣이 몇이나 되는가?"라고 하자, 권상일이 "정옥鄭玉, 정권鄭權, 이세사李世師, 이세태李世泰 등이옵니다"라고 하였다. 계속해서 국왕이 "정옥은 어느 군에 사는가?"라고 하니, 권상일이 "영천(영주)이옵니다"라고 대답하였고, 국왕이 "그와 서로 상종하였는가?"라고 하자, 권상일은 "정옥의 5대조인 고상신故相臣 정탁이 만년에 안동에서 예천으로 이사하였기 때문에 봉사손이 예천에 살고, 또한 그의 여러 친족들이 많이 용궁龍宮에 살고 있어서 신의 집과는 거리가 멀지 않사옵니다. 정옥이 때때로 왕래하였기 때문에 신은 그와 상종이 퍽 잦았사옵니다"라고 대답하였다. 국왕이 "정탁과 정온鄭蘊은 일족인가?"라고 하여, 권상일이 "두 사람은 본관이 각기 다르고 또한 거주하는 곳이 몇백 리나 떨어져 있으며 세대도 같지 않사옵니다"라고 대답하였다.

국왕이 "정옥은 학문에 대한 공부가 있는가?"라고 하자, 권상일은 "학문에 대한 전일한 공부는 자세히 알 수 없사오나 평상시의 한마디 말과 한 번의 거동이 의리에 어긋나지는 않사옵니다"라고 대답하였다. 국왕이 "상주에 학문하는 선비가 있는가?"라며 상주의 학자에 대해 묻자, 권상일은 "몸을 닦고 행동을 조심하는 이는 없지 않사오나 학문에 대한 전일한 공부에 있어서는 신이 감히 지적하여 아뢸 수 없사옵니다"라고 대답하였다. 국왕이 "여러 경서 중에 어느 책이 요긴한가?"라고 하자, 권상일이 "신의 얕은 소견으로는 오직 『소학小學』과 『대학』이 가장 요긴한 줄로 생각되옵니다"라고 하니, 국왕이 "그렇겠지"라고 하였다. 권상일은 계속해서 "신이 고향에 있을 때 조정에서 『소학』을 강의하여 각 고을이 바야흐로 강의를 거행하도록 명령한 것을 들었고, 신이 일찍이 이러한 일을 본 적이 있었으나, 형식적으로 행하는 것에 지나지 않아서 단지 너덧 달 시행하다가 마침내 해이해져서 정지하거나 폐지해 버리니 이것이 걱정입니다"라고 하였다. 권상일은 오랜 시간 국왕과 대화를 마치고 바라를 친 뒤에 물러나 나왔다. 이상과 같이 승지는 국왕의 측근이라는 점에서 권상일의 경험처럼 수시로 국왕과 만나는 자리가 있었다. 그리고 대화를 통해 본인의 학문이나 정견을 드러낼 수 있었다.

조선시대 승정원 소속 승지 6명은 모두 정3품 당상관의 품계이다. 그러나 품계가 같다고 하여 동등하게 대우받는 것은 아니었다. 같은 승지라 하더라도 도승지와 나머지 승지가 달랐고, 좌승지·우승지와 좌부승지·우부승지·동부승지의 관청 내 위계질서는 현격한 차이가 있었다. 상위인 동벽이 청사에 나와 앉아 있을 때 하위인 서벽 관원은 반드시 정좌해야 하며, 서책을 볼 수도 없고, 사사로운 서간을 써도 안 되며, 한담을 해서도 안 되고 덥다고 부채를 흔들어도 안 되며 술을 마셔도 안 되고 빈번하게 개인적으로 출입해도 안 된다. 특히 도승지 앞에서 다른 승지들은 흡초吸草, 즉 담배를 피워서도 안 되었다. 도승지가 청사에 나와 앉아 있을 때 만약 다른 승지들이 업무 때문에 청사를 벗어나야 한다면 반드시 도승지에게 예를 행한 뒤에 나가야 하였다. 직렬상 가장 하위인 동부승지가 상소를 올리거나 개인적인 사유로 휴가를 청하기 위해 정사呈辭를 올릴 때는 반드시 상위 직렬에 있는 승지의 허락을 받아야 하였다. 휴가 규정에도 차이가 있었다. 예를 들어 부모나 조부모, 외조부모의 기일인 경우 도승지를 비롯해 좌승지, 우승지는 약 2일간의 휴가가 주어지는 반면 나머지 좌부승지·우부승지·동부승지는 휴가가 없었다.

심지어는 국왕을 인견하는 자리에 여러 승지가 동석하여 발언하는 경우도 순서는 지켜져야 했다. 예를 들어 1477년(성종 8) 7월 어느 날 국왕은 신하들이 모인 자리에서 홍귀달이라는 인물이 언급한 발언의 진의에 대해 물었다. 그러자 먼저 좌승지 이극기가 발언을 하였는데, 이극기의 발언이 끝나기 무섭게 동석하였던 도승지 현석규가 화가 많이 나서는 소매를 걷어 올리며 눈을 크게 부릅떴다. 그러고는 도승지가 있는데도 다른 승지가 위계를 넘어서 말을 하니 옳지 못하다고 하면서 이렇게 승정원 내 위계가 지켜지지 않는 책임을 들어 사임을 요청하였다. 물론 이 일은 유야무야되지만 본래는 발언도 차례대로 해야 한다는 것이었다.

권상일이 속한 승정원에 6명의 승지를 둔 이유는 『경국대전』의 육전六典 체제에 대응하기 위한 것이다. 즉 국가의 운영 체계인 『경국대전』에 상응하여 승정원에 6승지를 배치한 것으로, 6승지의 업무 분장을 분방分房이라고 하였다. 분방은 비단 승정원 6승지에 적용되는 것은 아니며, 임시로 설치된 각종 도감都監에서도 업무 분장을 분방으로 규정한 바 있다. 이유원李裕元(1814-1888)은 6승지의 분방에 대해서, "승지가 분방한 것은 진실로 육조의 제도를 모방한 것"이라 표현한 바 있으며, 승지를 역임한 김윤식金允植(1835-1922)은 차운시 중 하나에서 "육부가 방을 나눠 각각 책상이 하나씩(六部分房各一牀)"이라 하여 그 모습을 표현하였다.

6승지의 분방은 도승지가 이방吏房, 좌승지가 호방戶房, 우승지가 예방禮房, 좌부승지가 병방兵房, 우부승지가 형방刑房, 동부승지가 공방工房 업무를 맡게 하였다. 당시 중앙부처 업무 분담

이 크게 6조로 나누어져 있었고, 『경국대전』 구성도 6전체제로 되어 있던 것과 맥을 같이 한다. 오늘날 청와대 비서실과 행정부의 유기적 기능과 동일한 시스템이었다.

분방을 통해 각 승지가 담당하였던 역할은 조선 후기에 편찬된 승정원의 여러 규정집에 수록되었다. 여기서는 규정집의 하나인 『은대편고』의 내용을 제시한다. 물론 각 항목별로 구체적인 내용 검토가 필요하겠으나 여기서는 일단 방별 목차를 통해서 대략적인 이해를 구하는 것에 그친다.

이방吏房: 정관政官, 정사政事, 정품政稟, 친림도정親臨都政, 전망前望, 해유解由, 정사呈辭, 소비疏批, 본원포폄本院褒貶, 전최殿最, 세초歲抄, 전지傳旨, 회계回啓, 생기省記, 적간摘奸, 과삼일過三日, 좌부좌坐不坐, 출조보出朝報, 대청代聽, 왕세자상소王世子上疏, 왕세자솔백관정청王世子率百官庭請, 행행幸行, 대보大寶, 명패命牌, 승지지공사입시承旨持公事入侍, 분승지가승지分承旨假承旨, 주천注薦, 대신大臣, 복상卜相, 원상院相, 돈유敦諭, 해래偕來, 문형회권文衡會圈, 청백리천淸白吏薦, 제관祭官, 어사御史, 감사監司, 수령守令, 서경署經, 수령변장천거守令邊將薦擧, 응자노인應資老人

호방戶房: 새서璽書, 구임각사久任各司

예방禮房: 취품取稟, 시사視事, 탈품頉稟, 동가動駕, 시신侍臣, 상참常參, 윤대輪對, 문안問安, 경연經筵, 숙배肅拜, 일기日記, 실록實錄, 재이災異, 일월식日月食, 망궐례望闕禮, 황력皇曆, 사신使臣, 교린交隣, 종묘배향宗廟配享, 문묘배향文廟配享, 조신시호朝臣諡號, 차자箚子, 선마宣麻, 국휼國恤, 거애擧哀, 정조시停朝市, 입학入學, 책례冊禮, 관례冠禮, 가례嘉禮, 공옹주가례公翁主嘉禮, 상존호上尊號, 진하陳賀, 진연進宴, 약방직숙藥房直宿, 내각각권內閣閣圈, 홍문관弘文館, 본관록本館錄, 예문관藝文館, 한권翰圈, 한림소시翰林召試, 관상감觀象監, 칙사勅使, 황단皇壇, 사묘전궁社廟殿宮, 외궁묘전外宮廟殿, 궁묘宮廟, 묘사廟祠, 전대시조사전前代始祖祠殿, 능원묘陵園墓, 교단郊壇, 제향祭享, 친제親祭, 작헌례酌獻禮, 부태묘祔太廟, 기고제祈告祭, 재계齋戒, 전향傳香, 봉심奉審, 식년생진초시式年生進初試, 식년문과초시式年文科初試, 증광增廣, 중시重試, 문과전시文科殿試, 알성謁聖, 정시庭試, 응제應製, 춘추도기春秋到記, 대윤차大輪次, 절일제節日製, 일차유생전강日次儒生殿講, 승보陞補, 조흘강照訖講, 도과道科, 잡과雜科, 친림문무과창방親臨文武科唱榜, 문신

제술文臣製述, 전경문신전강專經文臣殿講, 이문제술吏文製述, 한자문신전강漢字文臣殿講, 절일첩節日帖, 삭서朔書, 제과시관칙령諸科試官飭令

병방兵房: 동가動駕, 능행陵幸, 전좌殿座, 노부의위鹵簿儀衛, 조참朝參, 차대次對, 기밀機密, 표신標信, 명소命召, 밀부密符, 발병부發兵符, 마패馬牌, 통부通符, 대열大閱, 대열후호궤大閱後犒饋, 호궤犒饋, 습조習操, 융기점고戎器點考, 궐문闕門, 궐문약시闕門鑰匙, 문금門禁. 난입격고攔入擊鼓, 궁성宮城, 궁성호위宮城扈衛, 성문城門, 숙위입직宿衛入直, 경루更漏, 내순內巡, 순작巡綽, 순장감군巡將監軍, 군호軍號, 생기省記, 대군함하향帶軍啣下鄕, 제조사부임除朝辭赴任, 기과記過, 금화禁火, 병판兵判, 장신將臣, 포장捕將, 병조兵曹, 도총부都摠府, 각군문各軍門, 호위청扈衛廳, 별군직別軍職, 식년무과초시式年武科初試, 식년무과복시式年武科覆試, 식년무과전시式年武科殿試, 별시別試, 도과道科, 관무재觀武才, 별시재別試才, 문신당하삭시사文臣堂下朔試射, 무신당상삭시사武臣堂上朔試射, 무신당하삭시사武臣堂下朔試射, 서북별부료시사西北別付料試射, 선무군관시사選武軍官試射, 내시사內試射, 서총대瑞總臺, 전경무신전강專經武臣殿

講, 전경무신시사專經武臣試射, 빈청강賓廳講, 무경강武經
講, 능마아강能麼兒講, 선전관시강宣傳官試講, 도시都試, 중
순中旬, 중일中日

형방刑房: 대소臺疏, 대간臺諫, 피혐避嫌, 처치處置, 하유下
諭, 다시茶時, 친국親鞫, 정국庭鞫, 추국推鞫, 삼성추국三省
推鞫, 소결疏決, 금오金吾, 추조秋曹, 함사緘辭, 반사頒赦, 전
지傳旨

공방工房: 선유宣諭, 소장疏章

위의 분방 내용을 보면, 각 방의 업무가 『경국대전』의 6전 내
용과 일치하는 것도 있고 그렇지 않은 조항도 있다. 예를 들어
형방의 경우 친국이나 정국 등의 업무는 죄인의 조사와 처결 등
을 담당하는 것이었다. 다만, 형방 업무에 대간과 관련된 대소
나 대간, 피혐, 처치, 다시 등의 내용이 포함된 것은 그 이유나
배경을 현재로서는 확인하기가 어렵다. 공방의 경우도 선유나
소장 등으로 규정되어 있어 의외이다. 호방도 옥새가 찍히는 새
서의 발행과 구임久任 관원에 대해 규정한 구임 각사만을 규정
한 것도 역시 의문이다.

위에서 내용 제시를 생략하였으나, 그럼에도 불구하고 각 방 내용이 시작되면서 속사라 하여 해당 방에서 담당하여야 할 관사를 명시하고 있다. 예를 들어 이방의 경우, 속사조에는 종친부·의정부·충훈부忠勳府·의빈부儀賓府·돈녕부敦寧府·이조·상서원尚瑞院·종부시·사옹원司饔院·내수사內需司·내시부內侍府·액정서掖庭署 등을 명시하고 있는데, 이는 이방에서 이들 관서와 관련된 업무를 관장하고 있음을 알 수 있다.

호방도 속사에서 호조戶曹·한성부漢城府·내자시內資寺·내섬시內贍寺·사도시司䆃寺·사섬시司贍寺·군자감軍資監·제용감濟用監·사재감司宰監·풍저창豊儲倉·광흥창廣興倉·평시서平市署·의영고義盈庫·장흥고長興庫·사포서司圃署·양현고養賢庫·오부五部 등의 업무를 관장하고 있음을 적기하였다. 아울러 속사조에 이어 촬요撮要라 하여 이방을 비롯한 각 방의 대체적인 업무를 개략적으로 정리하고 있는데, 우리가 흔히 알고 있는『경국대전』각 전의 내용 상당 부분을 포함하고 있다. 즉 분방은 기본적으로『경국대전』6전을 관장하되 이와는 별도의 승정원의 업무도 함께 나누어 관장하였던 것이다.

승지의 분방이 언제부터 시작되었는지는 정확하지 않다. 다만 다음의 기록을 통해서 볼 때 이미 건국 초부터 시행되었음을 알 수 있다. 건국 직후에는 5명의 대언代言(후에 승지)을 두었는데, 각각 이조·병조兵曹·호조·예조·공조工曹의 일을 맡게 하였다. 그리고 6조 중 하나인 형조는 종3품의 다른 관직을 가진 관원이 겸하게 하였다. 이에 1405년 1월 동부대언을 추가로 설치하여 형조의 일을 관장하게 하였다.

이러한 분방은 구체적으로 무엇을 나눈다는 것일까? 이와 관련해서 1492년(성종 23)의 기록을 살펴보자. 다소 장황하지만 흥미로운 내용이어서 전모를 제시한다.

임금이 승지에게 묻기를, "듣건대, 근래에 계하啓下(국왕이 계자啓字가 새겨진 도장을 찍어 내린다는 것으로 결재를 한다는 의미임)한 공사를 사알이 많이 분방한다고 하는데, 그러한가?" 하였는데, 도승지 정경조鄭敬祖가 대답하기를, "사알도 분방하고, 승지도 분방합니다" 하니, 임금이 말하기를, "각방各房의 공사는 승지가 스스로 나누어야 마땅하며, 사알의 소임이 아니다. 사알은 단지 문서를 가지고 승전색承傳色을 따라와서 전하기만 하면 그만이다. 어떻게 제멋대로 분방할 수 있겠는가?"하였다. 좌승지 허침許琛이 말하기를, "모든 공사는 사알이 각방으로 나누고, 육방서리六房書吏가 각각 그 방의 공사를 승지에게 보여서 승지가 판부判付(국왕의 처결 내용을 기록함)

합니다" 하니, 임금이 말하기를, "내가 명한 바가 아닌
데 사알이 제멋대로 분방하는 것은 옳지 못하다. 이후
에는 이와 같이 하지 않도록 하라" 하였다.

위의 자료는 우리에게 많은 이야기를 전한다. 전반적인 내
용의 대략은 기본적으로는 승지가 분방하는 것을 전제한 위에
서, 당시에는 사알도 또한 분방하였다는 것이다. 사알은 궁궐
내에서 복무하는 액정서 소속의 잡직雜職 관원을 말한다. 분방
의 모습을 보면, 국왕이 계하한 문서를 사알이 업무에 따라서
각 방으로 나누어 이를 6승지에 속한 서리에게 나누어 주면 서
리는 이를 해당 승지에게 전달하고, 이를 받아 승지가 판부한다
는 것이다. 이를 간략하게 도식화하면 아래와 같다.

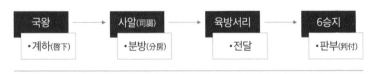

그림 7 사알이 분방에 참여하는 경우의 업무 계통

위 도식을 통해서 보면, 분방은 국왕이 내린 계하문서를 업
무 분장에 따라 나누는 것을 의미함을 알 수 있다. 그리고 계하
된 문서에 승지가 각각의 분방에 따라 판부를 기록하는 것까지

를 분방이라 설명하고 있음을 알 수 있다. 단, 여기서는 주로 계하하는 문서에 대해서만 언급하고 있으나, 분방은 위에서 제시한 각 방에서 나눈 업무를 보고하는 것까지도 포함된다고 보아야 할 것이다. 그런데 이 같은 운영 방법이 당대까지는 사알의 분방에서 시작되고 있었는데, 성종은 이를 시정하라고 하였다. 즉 사알이 분방하는 것은 옳지 않으며, 본래는 승지들이 분방해야 하는 것임을 알 수 있다.

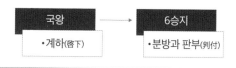

그림8 승지가 분방하는 경우의 업무 계통

분방은 기본적으로는 국왕의 결정에 따랐다. 승정원의 업무 규정집이라고 할 수 있는 『은대조례』에 따르면, "분방을 배정하기 위한 단자의 빈칸에 이방, 호방, 예방, 병방, 형방, 공방을 써서 내려 주거든 (승지들이) 분방한다"고 규정하였다. 즉 국왕에게 빈칸의 단자를 올리되, 이때 이방이나 호방, 예방 등을 써서 올리면 국왕이 해당 빈칸에 담당자를 적어 내리는 과정으로 분방이 정해지는 것이다.

한편 6승지가 각 방을 관장하는 가운데 궐원이 생기거나 혹은 공적인 업무 수행을 위해 궁궐 밖으로 나가 있는 경우를 대비해 이른바 대방代房의 규정이 있었다. 관행적으로 이방과 예방, 호방과 공방, 병방과 형방이 각각 대방이었다. 예를 들어 추국과 같은, 죄인을 조사할 사안이 발생하였으나 마침 해당 업무를 맡은 승지인 형방승지가 병으로 관청에 나오지 않자 이에 대방승지가 해당 업무를 대신하도록 한 것이다. 이 밖에 담당 승지가 공식적인 휴가인 경우에도 대방승지가 업무를 대신 담당하였다. 대방으로 업무를 대신할 경우 대방승지가 국왕에게 보고하거나 만날 일이 있으면, 역시 국왕에게 품稟하도록 규정하였다. 예를 들어 국왕이 이방승지를 입시하라고 했는데, 만약 이방승지가 없을 경우에는 그 대방승지인 예방이 입시하여, 국왕에게 나아가 "이방승지가 없어서 대방이 나왔습니다"라고 품하게 하였다.

단, 사안에 따라서는 대방이 통용되지 않는 경우도 있었다. 그 하나가 왕실에 안부를 묻는 일이었다. 이때는 대방승지가 아닌 원래 업무를 담당하는 승지를 불러들여 업무를 담당하게 하였다. 예를 들어 1727년 7월, 당초 문안은 도승지로서 내의원의 부제조를 맡고 있는 김동필이 해야 하였다. 그런데 마침 김동필이 지방에 있어 문안에 참석할 수가 없었다. 이에 대방으로 조최수가 그 방안을 물었던 것인데, 국왕은 김동필을 포함해 내의

원의 책임자를 소환해서 문안을 시행하도록 한 것이다. 또한 대 방승지도 업무를 담당하지 못하는 경우가 발생할 우려가 있다. 정사政事, 즉 무신에 대한 인사 행정을 해야 하는데, 담당인 병방 승지가 왕명을 받들고 궐 밖으로 나가거나 하는 등 참석하지 못 할 때는 별도로 국왕에게 문의하여 담당 승지를 정하였다.

대방을 할 때 대방의 업무도 소홀히 말아야 한다. 예를 들 어 1626년(인조 4) 4월 18일 동부승지 심액沈詻은 국왕에게 보고 한 내용이 있는데, 자신이 현재 대방을 맡고 있는데 마침 대방 사안인, 예장禮葬 때 승군을 지정하라는 국왕 명령 계통의 하나 인 유지諭旨를 거행하지 못해 대방으로서 대죄한다는 내용을 보 고하였다. 물론 국왕으로부터 대죄하지 말라는 전교가 내려졌 으나 이처럼 대방승지라 하더라도 대방의 업무를 소홀히 해서 는 곤란하였다. 그리고 대방으로 업무를 처리할 때는 자신이 대 방임을 표명하였다.

한편 위에서 지적한 도승지=이방, 좌승지=호방, 우승지=예 방 등과 같이 배정되는 것을 순방順房이라고 하는데, 이를 바꾸 는 경우도 있었다. 환방換房이라고도 한다. 예를 들어 도승지가 이방을 주관하지만, 여러 가지 사정으로 우승지가 맡은 예방을 관장하게 되는 경우가 이에 해당된다. 환방을 하는 것에는 여러 이유가 있지만 일차적으로는 본인이 담당하는 부서의 장관이나 관원들과 친인척이라는 혐의가 있는 경우가 있다. 즉 상피에 해당되는 경우인데, "승지가 육조의 당상과 상피의 혐의가 있으면 임금에게 여쭈어 환방한다"라 하여 상피는 국왕에게 품주하여 환방하도록 규정하고 있다. 중국 후한 때 복상 문제로 시작된 상피제도는 우리의 경우 이미 고려시대에 제도화되었고, 조선조에 들어와서는 확대 개편되었다. 조선의 상피제는 중앙 관직이나 지방 관직을 불문하고 통용되었는데, 승지에 한정한다면 이방승지는 이조와 병방승지는 병조와 상피하여야만 하였다. 예를 들어 1763년(영조 39) 1월 당시 승지의 분방에 대해서는 순방하라는 왕명이 있어 좌부승지 윤동승尹東昇이 병방승지를 맡게 되었는데, 윤동승이 병조참의 정하언鄭夏彦과 동서지간이었기에 상피 대상이 되므로 국왕에게 품하여 환방하였다.

한편 환방을 한 경우에도 상피가 적용되었다. 다음의 사례를 보자.

김상헌이 아뢰기를, "이비의 정청政廳에 병방승지가 겸하여 나아가도록 명을 내리셨습니다만, 신 상헌이 이조참판 장유와 상피 관계相避關係입니다. 이미 환방하여 겸하여 나아가는 것이 온당치 않으니, 어떻게 해야겠습니까? 황공한 마음으로 감히 여쭙니다" 하니, 전교하기를, "참판이 아직까지 숙배하지 않았으니, 겸하여 나아가는 것이 무방하다" 하였다.

즉 김상헌이 병방을 맡고 있었는데, 국왕이 본래 이방이 담당해야 할 이비의 정사에 참여하도록 한 것이다. 그런데 이비의 정사에 참여하는 이조참판 장유와 김상헌이 상피 관계에 있었기에 참여하는 것이 적당하지 않다고 국왕에게 보고하였다. 물론 국왕은 종전처럼 김상헌이 참석하도록 하게 하였으나, 이처럼 환방을 한 경우에도 상피가 문제되었던 것이다.

환방은 상피 관계가 적용되는 것 이외에도 국왕의 특지로 환방을 하거나 여러 가지 사유로 이루어졌다. 예를 들어 1782년 (정조 6)에는 6방 전체에 대해서 국왕의 특지로 다음과 같이 환방을 한 사례가 있어 주목된다. 당시 국왕은 이시수李時秀에게 전교하여, 이방은 예방이, 예방은 호방이, 형방은 병방이, 호방은 공방이, 병방은 형방이, 공방은 이방이 맡게 하였다. 전체 6방에 대해서 국왕의 전교로 환방이 된 사례이다. 다만 현재로서는 이 같은 전격적인 환방이 이루어진 이유가 무엇인지에 대해서는 정확하게 알 수 없다.

이 밖에도 1735년(영조 11) 2월 국왕이 친림한 열무閱武가 예정되었는데, 좌의정 서명균徐命均이 병방승지의 환방을 요청한 사례가 있다. 당시 병방승지는 서명연徐命淵으로 국왕이 친림한 열무와 관련한 제반사를 담당해야만 하였다. 그런데 쇠약하고 병이 있어 사무를 감당할 상황이 아니었다. 이에 재종제再從弟인 서명균이 서명연의 환방을 요청하였던 것이고 국왕이 이를 받아들여 환방을 시행하였다. 이 밖에도 국왕의 친제가 예정된 상태에서 이를 담당하는 예방승지의 시력이 좋지 않아 제물단자祭物單子를 읽기가 어렵다고 하여 환방한 경우도 확인된다.

권상일은 다음 해인 1748년 1월 우부승지에 제수되었다. 권상일처럼 승정원에 동부승지로 들어온 경우, 우부승지→좌부승지→우승지→좌승지→도승지 순서로 승천陞遷하는 경향성을 띤다. 평균 재직 일수의 경우는 도승지가 다른 승지직보다 높아 승정원은 도승지 중심 운영 방식을 보였다. 권상일은 2개월 뒤인 3월 2일에 부호군이 제수되며 승지직에서 벗어나게 되었다.

6

치사와 관직 제수,
그리고 기로소 입소

권상일은 승지로 재직하던 1748년 1월에 치사致仕를 요청하는 상소를 제출하였다. 이때 권상일의 나이가 70세에 이르렀다. 치사란 관리가 관직에서 물러나는 것을 말하며, 일정한 나이가 되어서 정년으로 관직을 그만두는 경우에도 치사라고 하였다. 대개 70세의 정년이 일반적이었고, 70세가 되어서 관직을 물러나는 경우를 치사로 칭하였다. 70세 치사제도는 1440년(세종 22)에 마련되었다. 단, 모든 관료가 70세가 되면 정년이 되어 일률적으로 관직을 물러나는 것을 의미하지는 않는다. '국가의 요긴한 임무를 맡은 자'나 왕의 '특지'가 있는 경우에는 치사되지 않고 계속 관직을 유지할 수 있었다. 권상일도 70세 치사관행에 따라 상소를 제출하였다.

권상일의 치사 요청 상소에 대해 국왕은, 그를 근밀近密한 자리, 즉 승지직에 둔 것이 형식적인 것은 아니라며 치사 요청을 받아들이지 않았다. 권상일을 발탁한 국왕 영조의 의도를 짐작할 수 있는 구절이다. 권상일은 2월에 다시 치사를 요청하는 상소를 제출하는 한편 가토加土 정사를 제출하였다. 앞서 제출한 치사 요청 상소는 받아들여지지 않았지만, 2월 28일 가토 정사가 받아들여져 하직숙배下直肅拜 단자가 내려왔다. 정사란 관리들이 사직이나 휴가를 받고자 할 때 제출하는 문서로, 정사를 제출하여 정식으로 상관의 허락을 받아야 했다. 휴가 사유는 친병親病, 근친, 소분掃墳, 영분榮墳, 분황焚黃, 영친榮親, 혼가婚嫁, 장처葬妻, 장처부모葬妻父母, 신병, 노친봉양老親奉養, 침구鍼灸, 목욕沐浴, 귀장歸葬, 가토, 이장移葬 등이었으며 시간에 따라서 허용되는 범위가 약간씩 차이가 있다. 권상일은 가토를 명분으로 휴가를 받아 고향에 내려와 있다가 3월 2일 승지직에서 체차되었다.

고향에 내려온 권상일은 '영남의 어른'으로서 지역 내 여러 사안에 대해 자문이나 판결 등을 하였다. 4월 9일 도산서원 사람이 원장이 낸 세 개의 단자를 가져왔는데, 원장은 곧 이세관李世觀이었다. 권상일은 이세관이 한꺼번에 세 개의 단자를 낸 것은 기어코 사임하겠다는 뜻의 표현으로 생각하고 이를 허락하며 수노首奴의 고목에 제사, 즉 결정 내용을 써서 보냈다. 4월 19일에는 임호서원臨湖書院의 두 재임이 사임 단자를 보내왔기에 제사를 써 보냈는데, 4월 23일에 다시 두 재임이 사임 단자를 또 보내오자 향중鄕中 여론이 어떤지 알 수가 없어서 체임을 허락하기가 곤란하다고 판단하고 제사를 써서 좌기하기를 권하였다.

5월 3일에는 봉산鳳山 사람이 와서 여양중呂良仲의 편지를 전했는데, 내용은 노씨盧氏 문중에서 이미 그 문중의 얼자孼子를 다스렸다며 서원 일을 처리해 줄 것을 요청하는 것이었다. 이에 대해 권상일은 "다시 손을 대는 것은 어렵기 때문에 본소의 원임에게 좌기할 것을 권하는 통문을 하겠다"라는 답변을 보냈다. 6월 13일에는 도산서원 하인이 원장과 재임의 단자를 가지고 왔다. 연전에 역동서원에서 향중의 의논을 각각 내기를, 임원들의 폐단이 있어서 지탱할 수 없다라고 하였으므로 금번 5월경에 이대백李大伯이 도산서원의 수임이 되어 향중을 모아 놓고 모든 임원을 다시 임명하였는데, 서면書面 윤혁주尹赫周가 단자를 올려 공박攻駁하였기 때문에 원장과 재임이 일시에 사임 단자를 낸 것이다. 이에 대해 권상일은 "나는 결단코 체임을 허락할 수 없으니 예안현禮安縣의 원임들이 잘 조정하여 중요한 자리를 비워 두는 폐단이 없게 하라"는 내용으로 답장을 보냈다. 7월 3일에는 도산서원 하인이 또 왔는데, 역동서원의 일이 조정되지 않아서, 원장과 재임이 세 번째 단자를 보내왔다. 이에 권상일도 어쩔 수가 없어서 체임을 허락한다는 뜻으로 제사를 써 보냈다. 7월 22일에는 옥천서원玉川書院 유생 임모林某가 와서는 새롭게 중창한 강당의 상량문上樑文을 요청하였다. 이 일에 대해서는 권상일이 이런 일이 너무 싫다며 고사하였다.

12월 24일에는 도산서원 사람이 원장의 단자 석 장과 서면西面 윤모尹某가 올린 단자를 가지고 왔다. 이는 달포 전 노선생老先生 신주를 단성현丹城縣 관아로 옮겨 봉안할 때, 국로國老 상사가 도산서원의 수임인데도 꺼리는 일이 있어 나와 보지를 못하였고, 사림에서도 또 지송祗送하는 예를 행하지 않았기 때문이다. 이에 대해 윤모가 이 일을 가지고 단자를 올려서 공격하면서, "일찍이 회재晦齋(이언적) 선생의 신주를 군의 관아로 옮겨서 봉안한 적이 있는데, 옥산서원玉山書院에서 통문을 내어 온 고장의 사림이 일제히 모여 지송을 하였으며, 또 서원의 유생 네 사람을 별도로 지정하여 군 관아로 호송하여 갔다"라는 의견을 전달하였다. 이에 권상일은 "서원은 가묘家廟와 일의 체모가 다르기 때문에, 신주를 옮겨 봉안할 때 지송하는 한 가지 절차는 반드시 전례가 있다. 다만 시대가 멀어서 전례의 유무가 자세하지 않으니, 오직 본 읍의 여러 장로長老들이 참작하고 고찰하여 하라"는 등의 말로 원리院吏의 고목에 제사하여 보냈다. 이는 사림들이 일제히 모여 경내에 와서 호송하여 지송하는 것이 좋을 듯

하고, 별도로 서원 유생을 지정하여 5-6일의 길을 호송하여 가는 것은 지나치다는 의견 때문이었다.

권상일은 어른으로서 서원의 현안에 대해 자문하거나 의견을 전달하는 것 이외에도 지역 내 여러 현안에 대해서는 의견을 내기도 하였다. 9월 2일 안동에서 이상원李象遠이 왔는데, (밀암密菴 이재李栽의 손자) 권상일은 이상원의 입을 통해서 갈암 이현일李玄逸의 묘를 천장遷葬하기로 정하였다는 의견을 전해 들었다. 이에 권상일은 그렇게 산소를 여러 차례 옮기는 것은 죽은 이를 예로써 섬기는 도리에 크게 어긋난다고 강력히 말해 주었으나 이상원은 의견을 받아 들이지 않았다. 또 종손이 기어코 천장을 하려고 한다니 매우 개탄스럽다며, 글을 띄워서 잘못되었다고 조언하여 달라고 하였다.

권상일은 향촌에서 강회를 열며 유생의 교육에도 힘을 썼다. 4월 29일 상주의 영빈서당潁濱書堂에 가서는 『소학』 강회를 마치고, 또 읽은 글을 가지고 배강背講을 하였다. 또 과거가 없을 때에는 순제(열흘마다 시문을 시험함)를 하고, 과거가 있을 때에는 거접을 하는 것으로 일찍이 여러 장로들과 완의完議한 일이 있었기에 면에 통문通文을 내어 시행을 독촉하였다. 이어 순제를 위해 열 수首를 출제하여 보내면서, 제사에는 "강 위쪽은 수계소에 두고, 강 아래쪽은 서당에 두며, 유생들이 각자 베껴 가게 하라"라고 썼다. 이는 서당 노복들이 농사를 짓지 못할 우려를 덜어 주려는 것이다. 또 서당 출입문이 낡고 부서져서 과객을 접대할 수 없다는 것을 완의로 정하여 벽에 게시하였다.

7월에는 임호서원 재임이 권상일에게 편지를 보내왔는데, 다음 달 1일에 함창 검호檢湖 송정松亭에서 『소학』 도강都講을 연다며 와 주기를 청하였다. 그래서 답장을 써 보냈다. 10월 3일에는 임호서원에서 강회를 열었다. 아침이 된 후에 유생들이 모두 사당에 참배하고 나와 곧바로 앞뜰에서 서로 읍하는 예를 행하고 비로소 강을 시작하였다. 또 질문 제목도 내걸었는데, 유생들에게 물은 것은 "『대학』에서 사람을 가르치는 법은 다만 '밝은 덕을 밝히는 데 달려 있다(在明明德)'라는 한 구절뿐이다. 그러면 여기서 말한 '밝은 덕'이란 어떤 것이며, 그것을 밝힐 때는 어떤 공부를 해야 할 것인가, 덕을 밝히고 백성을 새롭게 한다(新民)는 설은 공자께서 조술한 바가 있으니, 하나하나 가리켜서 말할 수 있는가"라는 것이었다. 또한 동몽童蒙에게 물은 것은 "옛날에 사람을 가르치는데 각각 그 규모에 맞게 가르치는 곳이 있으니 가家에는 숙塾을, 향당鄕黨에는 상庠을, 주州에는 서序를, 국國에는 학學을 두어 가르치는 법을 갖추었다. 오늘날에도 옛 제도를 따르고 모방은 하고 있었으나 한갓 형식만 갖추었을 뿐 실효는 전혀 없으니 어찌하여서인가"였다.

이렇게 고향에서 지역 내 어른으로서 갈등이나 현안 등을 해결하며 바쁜 일상을 보내던 권상일은 1749년 8월 10일 이조참의에 제수되었다. 이조참의가 제수되자 권상일은 "매우 떨리고 두려우면서도 꿈 밖"이라고 의아해하였다. 권상일과 같은 남인이 이조의 직임을 맡지 않은 지가 벌써 56년이라며 회한의 뜻을 비쳤다. 실제로, 1721년(경종 1) 심단이 이조판서에 제수되었으나, 소론少論 일부가 논척論斥하여 행공行公하지 못하고 체차된 적이 있었다. 저녁이 된 뒤에 권상일의 집에 이조의 하인과 색장구종色掌驅從 및 구종 2명이 왔고, 교지 두 장과 도정都正 홍중인洪重寅과 우윤右尹 홍중형洪重衡 형제·사간 이광식李光湜·정언 권항權抗·청하淸河 권정택權正宅 등의 여러 편지가 왔다. 단골서리(丹骨吏) 이덕함李德涵과 색장서리色掌書吏 손득유孫得瑜·김담령金聃岭 홍문興文이 보낸 고목도 왔고, 조보와 도목정사 초고도 왔다. 단골서리는 관리들에게 임명장을 작성해 주고 또 인사에 관한 각종 정보를 제공하던 존재로, 관리들은 서리에게 수수료라는 명목으로 돈을 건네거나 각종 선물 등을 보내 주었다.

의외의 관직 제수에 대해 권상일은 조보와 도목정사 초고 등을 통해 그 전말을 파악하였다. 권상일이 이조참의에 제수된 10일의 도목정사에는 국왕이 친림하였고, 이조판서 정우량과 이조참판 윤급尹汲, 도승지 조명리趙明履, 이조정랑 조중회趙

重晦와 심발沈撥, 좌랑 이기덕李基德과 심눌沈訥이 참여하였다. 처음에 권상일은 말망으로서 낙점을 받았다. 그런데 그 자리에 참석한 국왕이 "이조참의는 대신에게 물어 변통하되, 장망長望으로 갖추어 의망하라"라고 전교하자, 좌의정 조현명이 곧바로 들어와서 심성진沈星鎭·윤심형尹心衡·오수채吳遂采·한익모韓翼謨·이창수·홍봉조洪鳳祚·홍중일洪重— 등 7인을 갖추어 장망에 의망하였다. 장망이란 삼망을 넘어서 다수의 후보자를 보고하는 것이다. 그러자 국왕이 친히 어필御筆로 장망 끝에 '사간원 대사간 권상일' 아홉 글자를 쓰고 거기에 낙점을 하였다.

권상일도 지적한 바와 같이 이 시기 이조참의의 제수는 의외였다. 비록 출사하지 않았으나 권상일이 이조참의에 제수된 것은 탕평의 성과였다. 1749년(영조 25) 탕평파인 조현명은 치우친 논의의 근본이 되는 2개의 구멍은 막았으나 2개의 구멍은 남았다고 하며 또 다른 관직 개편이 필요함을 시사하였다. 그가 지적한 남은 2개의 구멍은 이조참의 및 홍문신록弘文新錄으로 이 2개의 구멍을 막아야 치우친 논의가 없을 것이라고 하였다. 그가 주장한 이조참의 관련 개편 내용은 천망薦望 시에 비삼망을 하지 말고 장망을 하자는 것으로 이를 통해 정치적 분쟁을 종식시키자는 것이었고, 홍문신록의 경우 한림소시翰林召試의 제도처럼 하자고 제안하였다. 이렇게 해야만 향인鄕人들도 참여할 수 있다는 것이었다. 조현명의 이런 주장 가운데 특히 이조참의의 장망은 얼마 후 실제 현실에 적용되었다. 같은 해 8월 10일 마침 이조참의 임정이 병으로 인해 사직을 청하여 이조참의 자리가 궐석이었다. 그러자 영조는 조현명을 입시하게 하여 그 대상 범위를 대사성과 부제학으로 교서관과 비변사 부제조를 역임한 자를 통망通望하도록 하였고, 그 결과로 권상일이 이조참의에 낙점될 수 있었다.

의외의 관직 제수였지만 권상일은 사직을 청하는 상서를 올렸다. 상서는 당시 대리청정을 하고 있던 세자(후일의 사도세자)에게 올린 것이다. 상소라 하지 않고 상서라 한 것은 세자에게 올렸기 때문이었다. 사직을 청하는 상서는 물론 받아들여지지 않고, 9월 18일 감영을 통해서 국왕이 전유傳諭한 비지批旨 관문이 비로소 왔다. 국왕의 전유까지 받았으나 권상일은 관직에 나아가지 않고 조보 등을 통해서 사세를 관망하였다.

이러던 차에 사간 권현權賢이 상소를 올려 권상일의 체직을 요청하였다. 권현은 "이조참의 권 아무개(權某, 권상일)는 곧 시골의 자호自好(스스로 잘났다고 여김)하는 선비인데도 성상께서 또 쓸 만한지를 시험하고자 하여 중비中批로 특별히 임명하셨으니, 성상의 뜻을 누가 공경하고 우러르지 않겠습니까. 그러나 권상일은 비록 젊었을 때에도 본디 눈을 흘기면서 살펴야 하는 지위를 건디기 어려워하였고, 지금은 나이가 일흔이 넘었으니 결단코 올라올 이치가 없습니다. 그런데도 헛되이 전형銓衡의 직책에 매어둔 지가 벌써 넉 달이 지났습니다. 이처럼 대정大政이 임박하여 해조該曹의 업무가 많아지는 날에 한결같이 전형의 직책을 비워 둘 수는 없습니다. 신의 생각은 빨리 체개遞改(다른 관원을 임명함)하도록 명하시는 것이 합당할 것입니다"라고 하였다. 권현의 상소 소식을 접한 권상일은 "이와 같은 때에 이렇게 말한 것은 참으로 나를 위하는 마음에서 나온 것이니, 매우 감격스럽다"라 하였다. 과연 권현이 요청한 내용이 권상일이 생각하는 의도였는지는 좀 더 검토가 필요해 보인다.

권현의 상소에 대해서 국왕은 "이조참의 권상일을 지난번에 특별히 임명한 것은 뜻이 대체로 깊어서이다. 그러나 승지일 때 치사를 청한 사람이니, 그가 지나치게 사양하는 것은 이유가 없지 않다. 대정大政이 멀지 않은데 한결같이 서로 버티는 것은 옳지 않으니, 지금은 우선 체개를 허락한다"라고 전교하였다. 아울러 "대정은 달을 넘겨서는 안 되니, 반드시 이달 내에 시행할 것을 분부하라"라고 전교하였다. 결국 판서를 소환해서 정사를 개최하고, 권상일은 12월 27일 이조참의에서 체차되었다.

권상일은 다음 해인 1750년(영조 26) 1월에 장례원 판결사에 제수되었다. 장례원 판결사의 수망에 올라 낙점을 받은 것이다. 판결사가 제수되자 권상일은 "이전 이조참의 자리에서 체개된 뒤에 조금 안심되었는데, 또 새로운 명을 받들었으니 황송함을 이루 다 말할 수 없다"며 소회를 전한다. 더욱이 팔이 아팠고 완치되지 않아서 숙배할 수가 없는 상황이었다.

이어 1752년(영조 28) 11월 8일에는 의금부 하인이 권상일의 집으로 내려왔는데, 교지와 정목, 조보를 함께 가지고 왔다. 이는 권상일이 동지의금부사에 제수되었기 때문이었다. 승정원에서는 국왕에게 품의하여 권상일에게 속히 올라오도록 분부하였다. 그리고 며칠 뒤인 11월 12일에는 권상일을 홍문관 부제학에 임명한다는 유지가 도착하였다. 권상일은 곧바로 일어나서 관복을 갖추고 뜰 아래로 내려가서 팔배례八拜禮를 행하였다. 그러면서 "황송하고 답답함을 이루 다 말할 수 없다"고 하였다. 11월 21일 사직소를 봉진封進하려고 일단 상주 관아로 보냈다. 이른바 현도상소縣道上疏라 하는 것으로, 향촌에 있는 관원이 현縣이나 도道를 통해 올리는 상소이다. 권상일의 사직상소는 1752년 12월 20일 국왕에게 보고되었다. 이에 대해 국왕은 비답을 내려 "소를 보고 잘 알았다. 경은 사직하지 말고, 속히 올라와서 직임을 살피라"라고 하였다. 1753년(영조 29) 1월 25일 교지·유지 및 조보가 권상일에게 또 전달되었다. 앞서 1월 14일 정사에서 대사간의 수망에 들어 낙점을 받았던 것이다. 2월 4일

사간원 서리의 고목과 조보가 왔다.

　이 시기 권상일에게뿐 아니라 집안에 의미 있는 일이 있었다. 권상일의 공적이 평가되어 선대에게 관직을 추증하는 증직첩贈職帖을 받은 것이다. 증직첩은 이미 이조 당상의 수결手決을 받아서 입계하여 내려온 것을 수찬 채제공의 손을 빌려서 써 두었는데, 24일 도목정사 때를 기다려 어보御寶를 찍어서 받들고 돌아올 것이라고 했다. 권상일의 아버지는 이조참판에 추증되고, 할아버지는 이조참의에 추증되었으며, 증조할아버지는 집의에 추증되고, 어머니와 할머니, 증조할머니의 증직첩은 각각 그 부군의 품계를 따랐다. 4월 26일에는 증직첩을 받들어 받으니 영광스럽고 행복하여 감회를 다 말할 수 없다고 하였다.

　이후에도 권상일에게는 지속적으로 관직이 내려왔다. 1754년(영조 30)에는 병조참판과 한성부좌윤, 동지의금부사 등에 낙점되었다. 계속 사직 상서를 올렸는데, 그 중 6월 2일 사직 상서는 한결같이 관아의 교서에 따라 '겸 동지의금부사兼同知義禁府事 신臣'이라고 하였지만, 감영에서 상서의 머리말이 격식을 어겼다 하여 돌려보내면서 머리말을 고쳐 쓰라고 하였고, 상주목사가 보낸 편지도 있었다. 6월 3일 상주목사가 일부러 사람을 시켜 보낸 편지를 삼가 받들고 곧바로 고쳐 썼는데, '가선대부嘉善大夫행 용양위부사직 겸 동지의금부사行龍驤衛副司直兼同知義禁府事 신臣

모某'라 하여 돌아가는 아전에게 부치고, 또 상주목사에게 답장도 써 올렸다.

다음 해인 1755년(영조 31) 2월에는 다시 수망으로 대사간에 제수되었다. 권상일은 이번에도 역시 관직에 나아가지 않고 17일에 국왕이 광릉光陵에 거둥해서는 지방에 있는 대간을 변통하여 개차할 것이므로 이를 간절히 기다린다고 하였다. 그러나 권상일의 기대는 기대로 끝나고 체직되는 일은 없었다. 결국 사직상소를 올리고 국왕에 대한 판단을 기다렸다. 국왕의 대답은, "서장書狀 중의 경卿(관찰사)이 올려 보낸 사간원 대사간 권상일의 사직 상서는 내용을 보고 잘 알았다. 며칠 간 정사에 임하는 나의 마음이 애타고 절박하더니, 왕법王法이 통쾌하게 거행되어 신인神人의 울분이 퍼졌으니 기쁘고 다행함을 어디에 비유하겠는가. 경(권상일)은 그같이 사직하지 말고 올라와 직분을 살필 것을 경(관찰사)이 전유하도록 유지하노라"라고 지시하였다. 4월 권상일은 "병이 중하여 올라갈 수 없다"는 뜻을 전달하였고, 5월에는 결국 관직에서 체차되었다.

1756년(영조 32) 영조는 특별히 의복과 음식물을 보내어 78세의 권상일을 위로하기도 하였다. 1월에는 권상일이 경제적으로 곤란하다는 이유를 들어 세자는, "식물로 쌀 3석, 콩 2석, 민어 10미, 조기 10속, 돼지고기 20근, 숯 2석, 땔나무 500근을 전례를 참고하여 마련하고, 이 수량에 의거하여 되도록 후하게 제급題給하라는 뜻을 본도에 분부할 일"로 달하達下하였다. 3월 13일에는 감영에서 안부를 묻는 편지를 보내면서 별회조別會租 5석, 간지簡紙 70폭, 건시乾柿 1첩, 광어 2미를 보내왔다. 곧바로 답장을 써서 올렸다. 권상일은 이에 대해 "사양하거나 받기가 아주 어려운데, 어쩔 수 없이 천한 자는 감히 사양하지 못하는 예를 핑계로 받았으나, 곡물은 마음이 더욱 미안하다"고 하였다. 6월에도 관찰사가 안부 편지를 보내면서 부채 18병과 간지 70폭을 보내왔다. 진휼賑恤을 시행한 뒤여서 물력物力이 부족하여 약간의 부채만 만들었기 때문에 많이 보낼 수 없었다고 한다. 곧바로 답장을 써서 올렸다. 이후 12월 21일에는 국왕의 전교에 의해 감영에서 식물단자食物單子가 왔다. 앞서 국왕이 관찰사에게 특별히 지시한 데 따른 것으로, 의복과 음식물로 쌀 5석, 황두 5석, 명주 10필, 돼지 1구, 조기 20속, 민어 10미를 보내왔다.

1758년(영조 34) 권상일의 나이가 80세가 되었다. 80세에 접어든 권상일에게 명예로운 특전이 주어졌다. 1758년 1월 3일 권상일은 정2품의 자헌대부資憲大夫로 승진되어 지중추부사知中樞府事에 임명되면서 동시에 기로소耆老所에 들어갔다. 같은 날 앞서서 국왕이 승지를 불러 전교를 내렸다. "들으니 올봄에 기로소에 들어간 사람이 전 한성부 판윤 유최기兪最基, 행사직行司

한사득, 전 참판 권상일이라고 하는구나. 한사득, 권상일은 정2품이니 실직으로 삼은 뒤에 곧바로 이조에 들여보내어 그곳에 만약 빈자리가 있다면 내일 정사에서 곧바로 의망하고, 만약 빈자리가 없다면 지중추부사로 빈자리에 부쳐서 내가 나이를 존중하여 원로로 삼는 뜻을 보이게 하라"고 지시하였다. 이에 대해 권상일은 몇 차례 사직상소를 제출하려고 하였으나, 처음에는 관찰사 단계에서 윤허를 청할 뜻이 없었기에 막혔다가 아마도 4월 중에 국왕에게 전달된 것으로 보인다. 이에 대해 국왕은 사직하지 말라는 내용으로 비답을 내렸다.

기로소에서는 정기적으로 물품을 보내왔다. 기로소에서 매월 초하루에 약값 다섯 냥, 죽미粥米 열 말을 보내오고, 명절에 쌀 한 섬을 보내왔다. 기로소에서 1월은 설날과 상원일上元日에, 2월은 한식에, 3월은 삼짇날에, 4월은 초파일에, 5월은 단오에, 6월은 유두流頭에, 7월은 칠석과 백중百中에, 8월은 추석에, 9월은 9일에, 그리고 동지冬至와 납일臘日에 물품을 보내는 관행이 있었다. 기로소에 들어간 권상일에게 이후에도 한 차례 대사헌이 제수되기도 하였으나 바로 체직되면서 권상일은 문신으로서의 관직 생활을 마치게 되었다.

참고문헌

『조선왕조실록』, 『승정원일기』, 『경국대전』, 『대전회통』, 『은대편고』, 『간옹
　　집』, 『연려실기술』, 『용재총화』, 『운양집』, 『옹천일록』, 『청대일기』,
　　『청대집』, 『학사집』

김경수, 『조선시대 사관연구』, 국학자료원, 1998.
김선영, 「17세기 예문관의 한천제 운영」, 『한국 역사상 관료제 운영시스템
　　에 관한 연구』, 국민대학교 출판부, 2010.
김전배, 「조선왕조의 읍지연구」, 『한국비블리아』 2, 1974.
김학수, 「17세기 영남학파 연구」, 한국학중앙연구원 한국학대학원 박사학
　　위논문, 2008.
노혜경, 「18세기 한 영남 남인의 관직 생활」, 『사학연구』 88, 한국사학회,
　　2007.
박홍갑, 「조선 초기 승문원의 성립과 그 기능」, 『사학연구』 62, 한국사학회,
　　2001.
서민주, 「조선초기 승문원의 관제 변화와 운영」, 『한국사학보』 88, 고려사학
　　회, 2022.
양기정, 「《예기유편》의 훼판과 火書에 관한 연구」, 『민족문화』 39, 한국고전
　　번역원, 2012.
양보경, 「16-17세기 읍지의 편찬배경과 그 성격」, 『지리학』 18, 대한지리학
　　회, 1983.

우인수, 「1749년(영조 25) 울산읍지 《학성지》의 편찬과 그 의미」, 『한국사연구』 117, 한국사연구회, 2002.

_____, 「영남 남인 권상일의 정치사회적 활동과 위상」, 『민족문화논총』 62, 영남대학교 민족문화연구소, 2016.

이근호, 「《승정원일기》 보고기록의 특징과 정보화방안」, 『승정원일기의 사료적 가치와 정보화 방안 연구』, 국사편찬위원회, 2003.

_____, 「영조대 탕평책하 관직운영과 관인구성」, 『韓國史上 관인·관직 DB의 구축과 활용 방안』 학술회의 자료집, 2007.

_____, 「조선시대 승정원 승지의 직무 수행 체계」, 『역사 속 행정 이야기』, 혜안, 2017.

_____, 「조선시대 직숙의 실상」, 『행정포커스』 01/02, 한국행정연구원, 2011.

이기명, 『조선시대 상피제의 운영실태 연구』, 동국대학교 박사학위논문, 2004.

이성무, 『조선초기 양반연구』, 일조각, 1980.

이수환, 「『청대일기』를 통해 본 권상일의 서원활동」, 『민족문화논총』 62, 영남대학교 민족문화연구소, 2016.

이재두, 『조선후기 관찬읍지 연구』, 경북대학교 박사논문, 2021.

전경목, 「조선 후기 지방 명문 출신의 관리와 경아전의 관계망」, 『장서각』 30, 한국학중앙연구원, 2010.

_____, 「조선후기 지방유생들의 수학과 과거 응시」, 『사학연구』 88, 한국사학회, 2007.

정만조, 「조선시대 三公의 관력 분석 −엘리트 코스 추적의 일단」, 『한국학논총』 31, 국민대학교 한국학연구소, 2009.

차미희, 「조선후기 숙종대 임진과옥 연구」, 『민족문화연구』 42, 고려대학교 민족문화연구원, 2005.

_____, 『조선시대 문과제도 연구』, 국학자료원, 1999.

최은주, 「18세기 어느 울산부사를 통해 본 지방관 글쓰기의 실제 − 청대 권상일의 울산부사 시절을 중심으로」, 『영남학』 16, 경북대학교 영남문화연구원, 2009.

한충희, 『조선초기 관아연구』, 도서출판 사람, 2005.

조선왕조실록사전(http://dh.aks.ac.kr/sillokwiki)

한국고전종합DB(https://db.itkc.or.kr)